gerd quedenbaum

DER GIESELAU-KANAL
EIN SYMBOL

EIDER-VERLAG
ArGe Buchvertrieb
DÜSSELDORF

ISBN 3-921908-06-X

gerd quedenbaum

DER GIESELAU-KANAL

EIN SYMBOL

Illustrationen
nach Bleistiftzeichnungen
von
Gerd Quedenbaum

©

EIDER-VERLAG
ArGe Buchvertrieb
Postfach 2811
4000 DÜSSELDORF 1

Sämtliche Rechte vorbehalten.
Abschrift, Ablichtung und Nachdruck
-auch auszugs- oder teilweise-
verboten.

50 Jahre
GIESELAU-KANAL
1936 - 1986

Inhaltsverzeichnis

	Seite
VORWORT	9

DIE VORGESCHICHTE

Stadt Rendsburg	13
Bau des Nord-Ostsee-Kanals	15
Nöte an der Untereider	25
Planänderungen	34
Reisebeschreibung	40

DIE GIESELAU/HANERAU

Ein verstümmelter Fluß	45
Last und Nutzen	48
Auflösung	52
Reisebeschreibung	53

DER GIESELAU-KANAL

Lage und Anlage	57
Die Schleuse	66
Entwässerung und Versorgungsleitungen	76
Nutzung	78
Wirtschaftlicher Nutzen	89
Reisebeschreibung	98

EIN SYMBOL

Gestern	101
Heute	114
Morgen	135

GIESELAU-KANAL, benannt nach einem ehem. Nebenfluß der Eider, liegt in der Gieselauniederung, 23 km südwestlich von Rendsburg, wurde 1936 erbaut, ersetzt die frühere Eiderpassage durch Rendsburg, ist schiffbar für Fahrzeuge bis 500 t, überwiegend Sportfahrzeuge, gewerbliche Schiffahrt gering, gesundes, fischreiches Gewässer.

VORWORT

In seiner Umgebung, sowie bei Wassersportlern und Anglern, ist der Gieselau-Kanal natürlich bekannt, auch noch bei einigen gewerblichen Schiffern, weiter reicht es dann allerdings schon nicht mehr. Es gibt nicht einmal ein Lexikon, in dem er nachgewiesen wird. Dies trotz seiner unbestrittenen Aktualität.
Dabei hat es der Gieselau-Kanal aus vielerlei Gründen verdient, mehr als bisher genannt zu werden und bekannt zu sein: Da ist seine ruhige, fast schon beschauliche Lage zu erwähnen, inmitten eines weiträumigen Bildes typisch norddeutscher Tiefebene. Das Bild wird gerahmt, im Norden von der Eider, der Grenze zu den weiten Wiesen- und Moorlandschaften, die über das Gebiet der Alten Sorge und der Bennebek hinausreichen, wo Störche, Kiebitze und Brachvögel noch zu Hause sind. Nach Osten schließt sich das Bild des mittleren Geestrückens an, darin die immer noch reizvolle und geschichtsträchtige Stadt Rendsburg, ohne deren Zutun freilich der Gieselau-Kanal niemals gebaut worden wäre. Im Süden der Nord-Ostsee-Kanal mit seinem

regen und stark abwechslungsreichen Schiffsverkehr an Fahrzeugen unterschiedlichster Bauart und Bestimmung, von allen Kontinenten dieser Erde und aus aller Herren Länder. Der Geestrücken macht an der Südseite des Nord-Ostsee-Kanals einen Bogen in das südliche Dithmarschen und weiter, nach Nordwesten zu, bis hinauf nach Heide. In diesem Hügelland, das die weiträumige Ebene um den Gieselau-Kanal nach Westen zu begrenzt, liegt Albersdorf. Das ist ein Luftkurort, dem ehedem sogar eine Heilquelle zugehörte; sie ist versiegt - niemand weiß wieso. In unmittelbarer Nähe von Albersdorf finden sich die Quellflüsse der Gieselau, jenes inzwischen verstümmelten, einst sogar schiffbar gewesenen Nebenflusses der Eider, der dem Gieselau-Kanal seinen Namen gegeben hat.

Der Gieselau-Kanal ist ein zwar kleines, dafür aber ein besonders reizvolles Stück niederdeutscher Heimat. Er ist eingebettet in die weite Moorwiesenebene der Gieselauniederung, eng gesäumt von üppig treibendem Busch- und Baumwerk, zur Mitte hin ausgestattet mit einer kleinen, anschaulichen Schleusenanlage, damit zugleich ein vorzeigenswertes Denkmal spezieller, heimischer Wasserbaukunst. - Wer weiß schon von den Ursachen und Wirkungen, die der Kanal symbolisiert. Und wer weiß schon von dem Sinn und dem Unsinn dieses so akkuraten Schlüssels zum Freizeitparadies Untereider.

Wer die Zusammenhänge erkennen will, wird notwendigerweise einen Blick in die Geschichte und auf die Entwicklung der mittleren Eiderregion werfen müssen; diesem Zweck dient das vorliegende Buch. - Wer sich darüber hinaus für die praktische Anschauung interessiert, für das Land, für seine weichen - überwiegend aber strengen Schönheiten, für seine Reize und Zweckmäßigkeiten, der wird selbst Umschau halten wollen. Für diesen Zweck sind den jeweiligen Kapiteln der Arbeit kurze Reisebeschreibungen angehängt; ausgenommen das letzte Kapitel, wo ein solcher Vorschlag nicht erforderlich ist. Jede dieser Fahrten entspricht etwa dem Pensum einer bequemen Tagesfahrt, man muß nicht so früh aus dem Hause und ist nicht allzu spät wieder zurück.

DIE VORGESCHICHTE

Stadt Rendsburg

Das zuweilen recht leidige Spiel von Ursache und Wirkung findet sich auch in dem Beispiel des Gieselau-Kanals. Der wäre niemals geplant und gebaut worden, wenn die Vertreter der Stadt Rendsburg nicht an die fünfzig Jahre früher zu hohe Entschädigungsforderungen gestellt hätten, bei den Verhandlungen zum Bau des Nord-Ostsee-Kanals. Allerdings waren diese überzogenen Forderungen auch wieder nur eine Wirkung, nämlich aus den Ursachen der Stadtgeschichte. Will man also den Sinn und den Unsinn des Gieselau-Kanals erkennen, dann wird man zunächst einen summierenden Blick in die Entwicklungsgeschichte der Stadt werfen müssen:

Der geografische Standort der Stadt Rendsburg ergab sich aus frühmittelalterlichen Gegebenheiten topografischer und politischer Verhältnisse. Grob betrachtet: Die Eidergrenze (EIDORA TERMINUS IMPERII ROMANI) war zu sichern, zum anderen aber ein Pass zu schaffen, für die Handelsstraße, den sogenannten „Ochsenweg": Der Sicherungsposten brauchte eine strategisch günstige Mittelpunktlage, die Handelsstraße einen gefahrlosen Flußübergang und sicheren Rastplatz. Beides fand sich auf einer Insel an dem Schnittpunkt zwischen Obereider und Untereider, an der Grenze zwischen Geest und Niederung, dort - wo die Flutwelle der Untereider auslief, nach dem Gezeitenstrom der Nordsee. Hier entstand eine Palisadenburg, die sich im Laufe der Zeit zum zentralen Verkehrsknotenpunkt Schleswig-Holsteins machte, zum Handels- und Umschlagsplatz an der Handelsstraße zwischen Nord und Süd über Land, und entlang der Eider, zwischen Ost und West.

Aus der Palisadenburg wurde eine steinerne Burg, dann eine Ansiedlung. Sie entwickelte sich zu einer Stadt und wuchs allmählich über ihre Inselgrenzen hinaus. Einhergehend machte sich der menschliche Gestaltungswille daran, den Fluß zweckbestimmt zu lenken, ihn zu regulieren.

Welchen Anteil die Schiffahrt an der früheren Stadtentwicklung hatte, ist leider nicht bekannt. Er dürfte aber nicht klein gewesen sein, denn Kaufleute und Schiffsleute gab es in Rendsburg allemal genug. Ein sicheres Zeichen dafür: Die wirtschaftliche Entwicklung der Stadt stagnierte, sie zeigte sogar stark rückläufige Tendenz, als die Eider im 17./18. Jahrhundert streckenweise kaum noch befahren werden konnte; ihr Grundbewuchs und die Versandung hatten in erschreckendem Maße zugenommen. Erst der Eider-Canal (1784 - 1895) und Baggerungen in der Untereider brachten die Wende.

Mit dem Bau des Kanals hatte man die obere Eider streckenweise begradigt und vertieft, ihr aber zugleich eine Anbindung an die Ostsee gegeben. Damit bot sich der maritimen Schiffahrt erstmals eine künftig risikofreiere, bequemere, zeit- und kostensparendere Fahrt von der Ostsee bis in die Nordsee und umgekehrt *). Ein Jahrhunderte alter Wunschtraum war damit erfüllt. Die Stadt lag am Mittelpunkt dieser nun durchgehenden Wasserstraße, die sich aus dem Eider-Canal (Ostfahrt) und der Untereider (Westfahrt) zusammensetzte. Sie hat ihre Chance genutzt, mit nahezu gleichrangigem Erfolg gegenüber den küstennahen Städten Kiel (Holtenau) und Tönning. Die Entwicklung der Stadt setzte sich fort, auch später - als die Eider-Canal-Fahrt längst ihren Höhepunkt erreicht hatte und zu stagnieren begann, weil diese den Ansprüchen des weiterentwickelten Schiffsmaterials nicht mehr genügte (neue Antriebstechniken, größere und schwerere Schiffskörper mit größerem Tiefgang etc.)..

Bau des Nord-Ostsee-Kanals

Nun plante die Regierung des wilhelminischen Kaiserreiches ab 1875 den Bau des Nord-Ostsee-Kanals. Der sollte den alten Eider-Canal ersetzen, aber zugleich eine neue Linie bekommen:

Die Eider-Canal-Fluß-Passage verlief schlängelnderweise von Ost (bei Kiel) über den Knotenpunkt Rendsburg nach West (bei Tönning). Der Nord-Ostsee-Kanal dagegen sollte an die großen Schiffahrtslinien in der Elbe-Mündung anschließen. Entsprechend trassierte man von Ost (wieder bei Kiel) über den Knotenpunkt Rendsburg, dann jedoch abweichend nach Südwest (bis Brunsbüttel). Es war also geplant, die bisherige Streckenführung des

---

*) siehe bei Gerd Quedenbaum
IM SPIEGEL DER LEXIKA
Eider, Kanal und Eider-Canal
Düsseldorf 1984

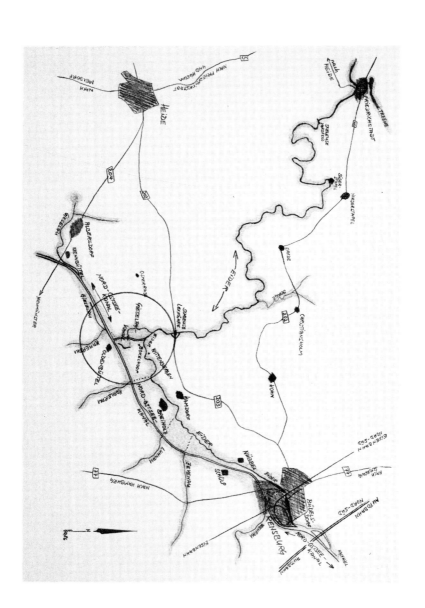

Eider-Canals beizubehalten, sie sogar noch ein Stück über Rendsburg hinaus zu verlängern, schließlich aber bei Bokelhop/Wittenbergen aus der Untereider zur Elbmündung hin abzweigen zu lassen. Bokelhop war der äußerste Punkt für den Abzweig, weil die Eider dort einen Knick exakt nach Norden macht, also in entgegengesetzte Richtung fließt.

Dieser nach Westen verschobene Abzweig des neuen Kanals war überlegt: Um die Einfahrt der Eidermündung zu erreichen, mußte bis dahin der Nord-Süd-Verkehr im Westen des Landes den gefahrvollen, auf Küstenabstand auch weiten Weg durch die Nordsee nehmen. Der Nord-Ostsee-Kanal dagegen wollte ihm statt dessen eine binnenländische, eine sozusagen entschärfte und verkürzte Route anbieten; entschärft = weil sie die Nordseefahrt vermied, verkürzt = weil der Verkehr bereits bei Bokelhop *) hätte in die Untereider einbiegen können.

Bei solchermaßen günstiger Linienführung sollte der neue Kanal zugleich für alle Schiffsgrößen passierbar sein. Er mußte demnach sehr viel breiter und sehr viel tiefer angelegt werden, als das Fahrwasser der Eider-Canal-Fluß-Passage. Mit der Schleusenkletterei nach Art des Eider-Canals war das natürlich nicht zu machen. Die großen Schiffe konnten nur auf gleichbleibender Ebene einfahren, durch- und wieder ausfahren. Demnach war es erforderlich, den Wasserspiegel des neuen Kanals auf die Höhe des Meerwasserspiegels abzusenken.

Das Bauvorhaben war gar nicht so einfach: Der alte Kanal stieg noch über drei Schleusenstufen um jeweils 2,50 m bergan, bis auf insgesamt rd. 7,50 m Höhe, um dann auf der Westseite der Geest -nach

---

*) Bokelhop = in der Überlieferung teils mit o teils mit oo geschrieben.

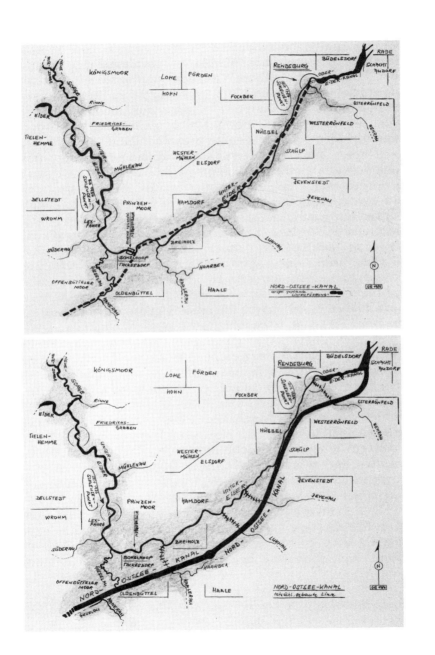

Rendsburg zu- in gleicher Stufenzahl wieder abzusteigen. Der letzte Abschnitt endete mit dem Obereiderstau vor der Kanalstufenschleuse in Rendsburg, dem Übergang zur Untereider. Die hochliegende Obereider begründete und sicherte also eine gewisse Hochwasserlage der Stadt. Würde man nun die Kanalstufen abbauen und statt ihrer eine tiefe Rinne durch die Landschaft graben, dann mußte das auch in Rendsburg zu einem Absinken des bis dahin aufgestauten Wasserspiegels führen.

Die Stufenschleuse in der Stadt, die das vom Osten kommende Oberwasser festhielt, wäre damit nicht mehr erforderlich gewesen. Man hätte allerdings bei Bokelhop eine andere Schleuse einrichten müssen, um die Fahrrinne des neuen Kanals von dem Gezeitenstrom in der Untereider freizuhalten.

Bei Verwirklichung dieser Bauvorhaben insgesamt dürfte wohl niemand je an einen Gieselau-Kanal gedacht haben. Der Plan scheiterte jedoch in den Verhandlungen mit den Vertretern der Stadt Rendsburg, über Entschädigungsforderungen und Ersatzlösungen. Eine fast schon verhängnisvolle Entwicklung nahm ihren Lauf.

Anfangs sahen sich die städtischen Verhandlungsführer in durchaus guter Position. Man hielt die Verkehrsknotenpunktfunktion der Stadt für unumstößlich. Seit die Kanallinie Kiel - Rendsburg - Brunsbüttel entschieden war, gab es keinen Gedanken mehr daran, daß dieser Plan noch einmal umgeworfen werden könnte. Aus so sicherer Position dürfe man seine Forderungen schon ein wenig anziehen, glaubten die Stadtväter. Sehr zielgerichtet argumentierten sie daher, der neue Kanal werde um zweieinhalb Meter tiefer liegen als der Eider-Canal. Entsprechend werde sich auch der Grundwasserspiegel senken, würden Brunnen austrocknen und die bestehenden Hafenanlagen in der Obereider ihren

Schema der Wasserspiegelhöhen
der Eider bei Rendsburg

1. zur Zeit des Eider-Canals (1784 - 1895)

   Eider-Canal →
   Schleuse Kluvensiek — Obereider — Schleuse Untereider
   im Gezeitenstrom wechselnde Wasserstände

2. im Gespräch während der Verhandlungen zum Bau des Nord-Ostsee-Kanals

   Nord-Ostsee-Kanal — Schleuse Büdelsdorf — Obereider — Schleuse Untereider

3. nach dem Bau des Nord-Ostsee-Kanals

   Nord-Ostsee-Kanal — Obereider — Schleuse — Untereider

4. nach dem heutigen Verhältnis (1987)

   Nord-Ostsee-Kanal — Obereider — Abdämmung — Untereider

GQ87

Wert verlieren. Mit Verlagerung der Schleuse werde zudem die Vorflut geändert, das heiße Aufhebung der Spülwirkung des Gezeitenhochwassers in den innerstädtischen Gräben, also Nachteil für die Stadtentwässerung. Schließlich auch werde die Sache voraussichtlich noch eine ganze Reihe privater Problemfälle aufwerfen usw. usw. Mit jedem neuen Argument wuchsen ihre Forderungen.

Ohne es zu ahnen, schadeten die Stadtväter damit der eigenen Sache. Die Kanalkommission nämlich, ohnehin knapp bei Kasse, sah sich in Rendsburg plötzlich einer unerhörten Fülle kostentreibender Schwierigkeiten gegenüber, denen sie natürlich nicht nachgeben konnte. Kurzentschlossen ließ sie deshalb die Trasse ändern, so - wie der Kanal denn ja auch gebaut wurde: Die Linie führte nicht mehr durch die Stadt, sondern in einem weiten Südwestbogen um Rendsburg herum; damals war das bebaute Stadtgebiet noch nicht so ausgedehnt wie heute. Durch die neue Streckenführung wurde die Kanalroute nicht länger - wie andernorts irrtümlich behauptet wird, ihre Anlage jedoch sehr viel billiger im Verhältnis zu den Forderungen der Stadt. Damit änderten die Kanalbauer zugleich das Rollenverhältnis der Verhandlungspartner:

Sie selbst mußten jetzt nicht mehr bitten, konnten vielmehr das Maß ihrer Zugeständnisse an die Stadt diktieren - wohl stets nach den Erfordernissen, aber immer an der unteren Grenze: Die Absenkung des Wasserspiegels sei nicht zu vermeiden, so hieß es, sonst sei ja der Zweck des Unternehmens in Frage gestellt. Allerdings ließen sich die räumlichen Grenzen verschieben: Wenn die Stadt also partout ihre „Hochwasserlage" mit allen vermeintlichen Vorteilen behalten wolle - na gut, das sei kein Problem. Da werde man eben die Obereider etwa in Höhe der Büdelsdorfer Enge gegen den tieferliegenden Kanal abdämmen. Für die

Zufahrt zum Obereiderhafen ließe sich ein Durchstich machen, mittendrin eine Schleuse - die zwischen den unterschiedlichen Wasserständen vermitteln könne. Alle übrigen Fragen erledigten sich dann ja wohl von selbst...

Damit saßen die städtischen Verhandlungsführer in der Klemme. Eine derartige Anlage hätte die Stadt separiert. Den Zustrom des oberen Flußwassers würde ihr der neue Kanal abschneiden. Die Hochwasserlage in der Stadt wäre demnach nur mehr künstlich zu halten gewesen, und zwar allein mit Hilfe des Gezeitenhochwassers in der Untereider. Die Stadt hätte das Wasser mit zwei Schleusen festhalten müssen, 1. in der Obereider gegen den tieferliegenden Nord-Ostsee-Kanal, und 2. in der Untereider gegen den Ablauf bei Ebbe. Ein solches Kuriosum würde den anlaufenden und den durchgehenden Verkehr der Eiderfahrt beeinträchtigt haben; allein schon wegen der jeweils langwierigen Schleusungen. Die Stadt hätte ihre ursprüngliche und zu der Zeit noch als elementar empfundene Bestimmung als Verkehrsknotenpunkt verloren, die Folgen insgesamt wären nicht abzusehen gewesen. - Dagegen war die Absenkung des Wasserspiegels, dieser ungeheure Eingriff in das Landschaftsbild und in die Lebensumstände der Menschen - die in ihr lebten, jedenfalls das kleinere Übel. Es galt zu retten, was noch zu retten möglich war:

Unter dem Druck ihrer so unglücklich geratenen Verhandlungsposition waren die Vertreter der Stadt schließlich froh, daß sie eine vergleichsweise zwar geringe, letztlich aber doch umfassende Abfindung aushandeln konnten, und zwar für a l l e in der Stadt zu erwartenden Veränderungen aus Anlaß des Kanalbaus. Zwar hielten die Kanalbauer jetzt an der geänderten Planung fest, aber die Rendsburger konnten wenigstens zur Untereiderseite hin so ziemlich alles behalten, was ihnen wert erschien, auch die Schleuse. Diese wurde allerdings in der Stadt um ca. einhundertfünfzig Meter verlegt und die neue Schleusenanlage dem gewachsenen Bedarf angepaßt:

Der Kanalbau erforderte doch die Absenkung des Wasserspiegels der Obereider. Durch Abtrennung von Nebenflüssen - das wird anschließend noch besprochen, senkte sich aber auch das mittlere Niedrigwasser der Untereider. Folglich mußte der Drempel (die Bodenschwelle der Schleuse) tiefergelegt werden, sonst hätte dort kein Schiff mehr durchfahren können. Außerdem aber richtete sich der stumpfe Winkel der geschlossenen Stemmtore jetzt nicht mehr gegen die Obereider - die war ja inzwischen abgesenkt, sondern -umgekehrt- gegen das nun höher auflaufende Gezeitenhochwasser der Untereider.

(Anmerkung: Es wird behauptet, man habe die Verschiebung der Schleuse nach Bokelhop nur vermieden, um die Hochwasserprobleme der Untereider nicht noch mehr zu vergrößern - vergl. folg. Abschnitt „Nöte an der Untereider". Tatsächlich aber ist darüber erst in Folge der Verhandlungen mit den Rendsburgern nachgedacht worden, aus Anlaß der Planänderungen. Die Sache wurde nie zu Ende gedacht. Sie ging unter in dem Expertenstreit darüber, wie denn überhaupt der Kanalbau die Wasserstände in der Untereider beeinflussen werde. Erst die Praxis nach dem Kanalbau hat alle diese Fragen beantwortet.)

Der Nord-Ostsee-Kanal wurde in den Jahren von 1887 - 1895 gebaut.

Man könnte darüber streiten, ob die Stadtväter jener Tage bei ihren Verhandlungen zu hoch gepokert haben, oder ob ihnen der Weitblick fehlte; vermutlich auch waren sie gefangen in den begrenzten

Denkmustern ihrer Zeit. Das Verhandlungsergebnis hatte jedenfalls ebenso positive wie negative Folgen:

Das geschlossene Stadtbild blieb erhalten. Hätte man den Nord-Ostsee-Kanal durch die Stadt geführt, wie ursprünglich geplant, dann wäre sie zweigeteilt und der Schnitt, die Zäsur, durch notwendige Erweiterungen immer breiter und trennender geworden; es hätten sich Verhältnisse eingestellt, ähnlich wie in Brunsbüttel. Die veränderte Lösung dagegen schuf sogar unerwarteten Freiraum für Veränderungen des Altstadtbildes (z.B. Schaffung des Schiffbrückenplatzes, des Gerhardsteiches, Bau der Stadthalle etc.). - Andererseits aber entzog der Nord-Ostsee-Kanal der Eiderroute die überregionale Bedeutung. Das Angebot der günstigeren Streckenführung verursachte die Abwanderung eines großen Teiles der bisherigen Eiderschiffahrt zum Kanal. - Nach einem Vorschlag des damaligen Landrats Kreis Rendsburg entstand deshalb der Kreishafen, direkt an dem neuen Kanal. Die Stadt erlangte dadurch eine auch unmittelbare Anbindung an die neue Wasserstraße. Über Jahrzehnte konnte sie sich damit den Teil ihres bisherigen Umschlagsvolumens sichern, der ohne diese Hafenanlage gewiß verloren gegangen wäre; den anderen Umschlagsplätzen entlang der Eider erging es sehr viel schlechter, ein typisches, geradezu gravierendes Beispiel dafür ist die Stadt Tönning. - Die westliche Eiderfahrt blieb der Stadt zwar erhalten, aber nur mehr auf absehbare Zeit: Nach Absenkung des Wasserspiegels waren die Verhältnisse in das Gegenteil verkehrt. Der Normalwasserstand in der Untereider lag nun höher als das Obereiderwasser, analog des Nord-Ostsee-Kanals. Der Oberlauf konnte nicht mehr abfließen, folglich gab es in der Untereider keine Spülung mehr, die Versandung setzte ein -.

Der Inhalt ihrer Kanalverhandlungen war also schon der „Anfang vom Ende" der Stadt Rendsburg als wichtiger Verkehrsknotenpunkt. Im Grundlegenden Augenblick hatte sie ihre Chance zum Absprung in die wirtschaftliche Entwicklung der Neuzeit verpaßt. Sie hatte keine Zielplanung und konnte deshalb auch keine richtungsweisenden Ideen in das Kanalprojekt einbringen. Es gelang den Stadtvätern nicht, die Vorteile ihrer landesweiten Mittelpunktsituation in Einklang zu bringen, mit den Erfordernissen der gesamtwirtschaftlichen Problematik des Standortes -. Die weiteren Ereignisse und Versäumnisse trugen nur mehr dazu bei, daß die fortschreitende Entwicklung den ehemaligen Knotenpunkt Rendsburg endgültig zu einem unbedeutenden Kreuzpunkt degradieren konnte. Der abseits gelegene Gieselau-Kanal, zwischen dem Nord-Ostsee-Kanal und der Untereider, ist nicht nur ein Produkt, sondern zugleich ein Symbol dieser so überaus unglücklichen Entwicklung.

Nöte an der Untereider

Schon in früheren Beiträgen *) habe ich die Eiderlandschaft beschrieben und darauf hingewiesen, daß wohl kaum ein Fluß dieser Erde im Laufe seiner Geschichte so viel reguliert und korrigiert wurde, kurzum - in seiner natürlichen Existenz gestört und zerstört wurde, wie die Eider. Der Bau des Nord-Ostsee-Kanals war in diesem Zusammenhang nur ein weiterer, nachhaltiger Schritt. Durch ihn wurde die Obereider, im Bereich von Strohbrück (Flemhuder See) bis zum Audorfer See, faktisch

---

*) relevante Buchtitel von Gerd Quedenbaum:
   DIE EIDER, Düsseldorf 1983
   IM SPIEGEL DER LEXIKA, Düsseldorf 1984
   SORGE UND TREENE, Düsseldorf 1985
   LEXFÄHRE, Düsseldorf 1985

aufgehoben. Die Untereider aber, die er doch eigentlich gar nicht berührt, hat der Kanal in fast schon erschreckender Weise beeinflußt:

Das Teilstück von Rendsburg bis Bokelhop, auf einer Länge von dreiundzwanzig Kilometern, nahm ursprünglich fünf südliche Zuflüsse auf. Das waren 1. die Wehrau, die westlich nahe der Rendsburger Schleuse mündete; 2. die Jevenau, sie erreichte die Eider nordöstlich von Hörsten; 3. die Luhnau, die bei Lohklindt mündete, zwischen Breiholz und Hörsten; 4. die Haalerau, deren Mündungsarm noch bei Bastenberg zu sehen ist; und 5. die Gieselau/Hanerau, die den Fluß nordöstlich von Schormoor (bei Osterrade) erreichte. Die Gieselau/Hanerau war vor dem Kanalbau der größte Nebenfluß der Untereider, die Gieselauniederung sogar das größte Überflutgebiet unterhalb Rendsburgs.

Diese fünf Nebenflüsse wurden durch den Bau des Nord-Ostsee-Kanals von der Eider getrennt. Nachdem der Untereider also vorher bereits der Zustrom des Oberwassers genommen war - durch die Absenkung des Wasserspiegels, verlor sie nun auch noch ihre wichtigsten Nebenflüsse. Dadurch reduzierte sich ihre Gesamtzuflußmenge aus Nebenflüssen etwa um die Hälfte. Das ließ zwangsläufig auch ihren Wasserspiegel absinken. Zudem fehlte jetzt die Spülwirkung der Zuströme, die Versandung aus den Ablagerungen des Gezeitenstromes und anderer Ursachen nahm dadurch außerordentlich zu. Das beeinträchtigte die Eiderschiffahrt. Baggerarbeiten, die in der Untereider wegen drohender Versandung eigentlich nie richtig aufgehört hatten, mußten daraufhin verstärkt fortgesetzt werden. Zu der Zeit dachte noch niemand daran, daß die gewerbliche Eiderschiffahrt je aufhören könnte.

Die nach dem Kanalbau plötzlich einsetzende Versandung der Untereider erklärt sich mit der dynamischen Spülwirkung des Wassers:

Der Einstrom des Gezeitenhochwassers ist gemeinhin Oberflächenströmung. Bei steigendem Wasser „rollt" immer eine Welle über die andere hinweg. Unterhalb der Oberfläche entstehen dadurch Wirbel. Diese reißen das Schwemmgut auf und vermengen es mit dem sich ausbreitenden Wasser, es wird -wie im Falle der Eider- flußaufwärts gespült. - Die Wirkung des Wirbels ist gering, wo immer und so lange die Gegenströmung des Flußwassers kräftig genug ist; die natürliche, abwärtsziehende Strömung des Flußwassers schiebt sich unter das aufwärts rollende Hochwasser; der Wirbel wird sozusagen neutralisiert. - Wird die Gegenströmung jedoch ausgeschaltet, wie hier - durch Abtrennung des Oberwassers und der Nebenflüsse, dann können sich die Wirbel punktuell voll entwickeln. Das geschieht zumeist an Flußbiegungen, bei Untiefen usw., wo dann nicht nur das leichte Schwemmgut, sondern auch der Untergrund, der Schlick, aufgewirbelt und fortgetragen wird. Es entstehen neue Untiefen oder bereits vorhandene werden noch weiter vertieft.

Bei stehendem Hochwasser, in der Zeit zwischen Zustrom und Abstrom, setzt sich das aufgewirbelte Schwemmgut ab. Teilweise bleibt es liegen und verdichtet sich, teilweise wird es von der nächsten Flut wieder aufgerissen und weitergetragen. Die Versandung oder Verschlickung wandert flußaufwärts -.

Auch das ablaufende Hochwasser ist Oberflächenströmung; es läuft der absinkenden Ebene der Wasseroberfläche hinterher. Weil es aber nur oberflächig wegläuft, entstehen keine Wirbel, das eingespülte und abgesetzte Schwemmgut bleibt weitgehend liegen. - Anders ist es aber, wenn eine flußwasserströmung nachdrängt. Sie kann das Schwemmgut wieder aufnehmen und flußabwärts forttragen. Diese Möglichkeit war im Falle der Untereider nun jedoch abgestellt, durch Abtrennung des Oberwassers und der Nebenflüsse. - Nach dem Kanalbau hat man längere Zeit versucht, durch Öffnung der Eiderschleuse in Rendsburg eine künstliche Nachströmung zu erzeugen. Die Sache erwies sich jedoch langfristig als nicht praktikabel: Wegen der unterschiedlichen Wasserstände war die Nachströmung immer nur zur Zeit des absoluten Niedrigwassers in der Untereider möglich. Der Nachspüldruck kam zu spät, die Zeiten des Niedrigwassers erwiesen sich als zu knapp und die Abströmung als zu schwach, um irgendeine nachhaltige Wirkung zeigen zu können. Zudem wurden die Untereider und das Grundwasser dadurch versalzt:

Die im Gezeitenrhythmus einströmende Nordseeflut konnte die Untereider bis dahin nicht versalzen, weil die Süßwasserströme aus der Obereider und den Nebenflüssen das Salzwasser immer wieder fortspülten. Der Nord-Ostsee-Kanal nun aber wird aus den Meeren gespeist. Das Salzwasser dringt vor bis in das Obereiderbecken bei Rendsburg. Von dort wurde es bei dem künstlichen Spülvorgang in die Untereider abgelassen, die Versalzung setzte ein -.

Allein die Landwirtschaft wäre ein möglicher Nutznießer der veränderten Niedrigwasserverhältnisse in der Untereider gewesen. Sie wünschte sich, die Ländereien entlang des Flusses auch feldwirtschaftlich bearbeiten zu können. Das wäre möglich gewesen, wenn mit dem Spiegel des Flußwassers auch der Grundwasserspiegel gefallen wäre. Das aber verhinderte die einströmende Nordseeflut:

Wie gesagt, die Untereider unterlag zu der Zeit noch dem ungehinderten Einstrom des Gezeiten-

hochwassers. Das Flußwasser und Gezeitenhochwasser zusammen konnte das Flußbett neuerdings nicht mehr fassen: Vor dem Bau des Nord-Ostsee-Kanals verteilten sich die Wassermassen in die zugleich als Nebenfluter fungierenden Nebenflüsse und deren anschließende Grabensysteme, bei extremer Flut auch über die tiefderliegenden Ländereien. Fünf dieser Nebenfluträume hatte der Kanal nun aber abgeschnitten, dorthin konnte das Wasser nicht mehr. Es staute sich in dem Eiderbett und belastete dort die Deiche.

Unter normalen Umständen wohl hätten die alten Eiderbrüche, wie die Deiche auch genannt wurden, noch lange standhalten können. Bei so veränderten Verhältnissen jedoch genügten sie nicht mehr, insbesondere nicht - wenn das Niederschlags- und/oder Schmelzwasser mit den Sturmfluten der Herbst- und Frühjahrszeiten zusammenfiel. Dann sprang die Flut über und die Deiche, die in der mittleren Eiderregion ohnehin nur auf weichem Torfgrund ruhen, waren kein Hindernis mehr. Überschwemmungen und gelegentliche Flutkatastrophen gehörten seit dem Bau des Nord-Ostsee-Kanals fast schon zum Selbstverständnis der Eiderniederung, und zwar insbesondere an dem achtzig Kilometer langen Abschnitt von Rendsburg bis Friedrichstadt. Lediglich über Friedrichstadt hinaus, bis zur Flußmündung, existierten bereits Hochwasserdeiche.

Der Bau des Nord-Ostsee-Kanals bewirkte in der Untereider also extreme Niedrigwasser- und extreme Hochwasserstände.

Landseitige Aufgaben der Be- und Entwässerung nun, auch der Landsicherung, sind zuerst Sache der Wasser- und Bodenverbände, in denen die Anlieger zusammengeschlossen sind. In den von Überschwemmungen bedrohten Gebieten der Untereider gab es szt. viele solcher zumeist örtlicher Verbände. Sie deckten die Gebiete nicht lückenlos ab und waren auch organisatorisch noch nicht so weit, daß sie das Problem der veränderten Hochwasserverhältnisse hätten gemeinsam und weiträumig angehen können. Jeder Verband arbeitete damals mehr oder weniger eigenbrötlerisch für sich und frei nach der überlieferten Devise: „Das Problem muß immer dort -und nur dort- gelöst werden, wo es anfällt."

So wurden denn alte Deiche unregelmäßig erhöht bzw. neue Deiche angelegt, welche die Flut schon bald wieder zerstörte, d.h. wenn sie nicht schon vorher abgesackt waren, weil der weiche Torfgrund die Last nicht tragen konnte. Um den Einstrom des Wassers in das Hinterland zu vermeiden, somit die Ländereien zu schützen, riegelte man sogar ganze Sielzüge gegen die Untereider ab - mit dem Ergebnis, daß die Flut in dem Flußbett nur noch höher anstieg. Vier, fast fünf Jahrzehnte richtete sich so die ganze Kraft der Anlieger, insbesondere natürlich der Landwirte, allein gegen das im Gezeitenrhythmus immerhin zweimal täglich auftretende Hochwasser. Entwässerungsanlagen des Hinterlandes wurden dadurch fast zwangsläufig vernachlässigt. Sie überwucherten und führten nun ihrerseits zu Überschwemmungen. Es war ein aussichtsloser Kampf, der leider auch zwischen den Nachbarverbänden Streitereien und bösen Unfrieden verursachte.

Erst 1934 und mit Hilfe der Provinzialregierung gelang es, die Einzelverbände des Überschwemmungsgebietes Untereider „unter einem Hut" zusammenzubringen. Mit Gründung ihres gemeinsamen Eider-Verbandes *) konnten sie dann endlich das Problem der Landsicherung und der Entwässerung,

---

*) Eider-Verband, Deich- und
   Hauptsielverband, Pahlen

im Verhältnis zum Hochwasser der Untereider, systematisch angehen. -

Indes hatten die Behörden natürlich nicht geschlafen. Die Regulierung der Eider, als Reichswasserstraße (heute Bundeswasserstraße), lag in ihrer staatlichen Zuständigkeit. Nachdem die Wasserstandsprobleme des Flusses nicht gelöst werden konnten, nicht durch den unzulänglichen Deichbau usw., nicht durch künstliche Nachspülströmung aus der Schleuse Rendsburg, und auch nicht durch Baggerarbeiten für die Schiffahrt, mußte notwendigerweise eine andere Lösung gefunden werden. Das ehemalige Wasserbauamt in Rendsburg, eine staatliche Behörde, war daran wesentlich beteiligt. Noch vor 1933 wurde die Sache akut, die Bauausführungen erfolgten allerdings erst im Jahre 1936. Unter verschiedenen Lösungsvorschlägen entschied man sich schließlich für die bedarfsgerechte Anpassung der Deiche und -als entscheidendes Element- für ein System der Fluß- und Hochwasserregulierung mittels Schleusen. Durch Begradigungen des Flußlaufes und weitere Baggerungen sollte das Regulierungssystem noch unterstützt werden, insbesondere im oberen Abschnitt bei Breiholz. Das wäre zugleich der Schiffahrt mit ihren moderner gewordenen Fahrzeugen zugute gekommen.

Drei Schleusen waren demnach erforderlich, und zwar 1. die Schleuse Rendsburg, als landesinnerer Schlußpunkt der Untereider; 2. die Schleuse Lexfähre *), für die eigens ein Durchstich gemacht wurde, um dort die kritische Eiderschleife abdämmen zu können; und 3. die Schleuse Nordfeld *), als abriegelndes Stauwehr gegen das einströmende Gezeitenhochwasser aus der Nordsee.

---

*) siehe hierzu Fußnote Seite 25

Das Prinzip war einfach:
Bei einströmender Flut wurden die Tore der Schleusen Nordfeld und Lexfähre geöffnet. War der höchstangängige Pegelstand erreicht, machten die Schleusen wieder dicht. Damit war die größte Menge des Hochwassers aufgefangen und zugleich die Gefahr einer Überflutung der landesinneren Streckenabschnitte gebannt. Die Schleuse Nordfeld war hoch genug angelegt - auch die westlichen Hochwasserdeiche hatte man bis dahin angeschlossen, so daß sich das höher auflaufende Hochwasser an dieser Stelle gefahrlos aufstauen ließ, - so jedenfalls die Planung.

Bei ablaufende Flut wirkten die Schleusen umgekehrt. Sie hielten in der nun eigentlich wasserarmen Untereider so viel Wasser fest, wie für den störungsfreien Schiffsverkehr nötig war, und zwar auch unter Berücksichtigung der Untiefen (der Pegel wurde entsprechend bestimmt). Dabei machte es die in der Mitte liegende Schleuse Lexfähre möglich, bei Bedarf in den vor und hinter ihr liegenden Abschnitten unterschiedliche Wasserstände halten zu können. -

Planänderungen

Mit Einbeziehung der Schleuse Rendsburg bestätigte das Regulierungsvorhaben die traditionelle Verkehrsknotenpunktfunktion der Stadt. Der dort vorhandene Übergang, vom Nord-Ostsee-Kanal durch den Obereiderhafen in die Untereider und umgekehrt, sollte ursprünglich bestehen bleiben. Allerdings wäre es dazu notwendig gewesen, die Kreuzung aus Schleuse, Straße und Schiene, gelegen zwischen der Altstadt und dem Kronwerk, insgesamt zu erneuern, sie also den gewachsenen Bedürfnissen des modernen Schiffs- und zunehmenden Straßenverkehrs anzupassen; und zwar durch Vergrößerung

der Schleuse, sowie Höherlegung und Verbreiterung der Zuführungen und beweglichen Brücken.

Der Plan scheiterte an den hohen Kosten, nicht zuletzt aber auch an der Haltung der Stadt:

Die Planungen und Verhandlungen zur Sache fielen in die von wirtschaftlicher Not gezeichneten Jahre zum Ende der Weimarer Republik. Auch die Kassen der Stadt Rendsburg waren leer. Das mag bestimmend gewesen sein für ihre ablehnende Haltung vor der Hand. Darüber hinaus nämlich hatten deren Vertreter wieder einmal keinerlei Zielvorstellungen, das heißt - keine Zukunftsplanung, und wieder waren sie nicht in der Lage, das existenzielle und heimatlich kulturelle Interesse des Gemeinwesens vorzustellen und mit Nachdruck auch zu vertreten.

Daraufhin sahen sich die Wasserbauingenieure wieder einmal genötigt, ihre Pläne zu ändern - wieder einmal vorbei an den Interessen der Stadt. Sie planten den Gieselau-Kanal, damit einhergehend aber auch die Abtrennung Rendsburgs von der westlichen Eiderfahrt.

Zwar erhob die Stadt bescheidenen Widerspruch, aber zur Hasuptsache verlegte sie sich auch jetzt wieder auf Schadensersatzforderungen. Insbesondere kam sie nicht auf den Kern der Sache, nämlich die drohende, totale Veränderung ihres Verhältnisses zur Eider. Deshalb mußte sie sich schließlich mit einem simplen Bescheid zufrieden geben, wonach das Reich in der Verwaltung seiner Wasserstraßen souverän sei, (Zitat)

...also auch in deren Schließung. Ein Rechtsanspruch auf die Bereitstellung von Reichswasserstraßen zur Benutzung für den öffentlichen Verkehr steht niemandem zu...

Dieser Bescheid war eine sehr freizügige Meinung zur Existenz des Reichswasserstraßengesetzes, keine fundierte Stellungnahme zu seinem Inhalt.

Angesichts der schwerwiegenden Argumente, die von der Stadt dagegen hätten angeführt werden können, wäre deshalb ein nötigenfalls auch juristischer Widerspruch dringend geboten gewesen. Die Stadt versäumte diese Möglichkeit, wieder einmal verschenkte sie ihre Interessen. Damit war zugleich das Signal für den Bau des Gieselau-Kanal gegeben, und für die faktische Trennung der Eider an dem Schnittpunkt Rendsburg.

In den Erläuterungen der Bauausführung heißt es: (Zitat)

...Durch den Verbindungskanal zwischen Kaiser-Wilhelm-Kanal und der Untereider im Gieselautal wird die Strecke der Untereider von der Abzweigungsstelle bei Bokelhop (km 23) bis Rendsburg für die durchgehende Schiffahrt überflüssig. Die Schleuse Rendsburg wird deshalb gesperrt und damit die Schiffahrtsverbindung zwischen Obereider und Untereider aufgehoben.

Auf der abgeschnittenen Strecke der Untereider von km 0 bis km 23 werden die Baggerungen, welche beim Ausbau der Eider durch die Abdämmung bei Nordfeld vorgesehen waren, nicht ausgeführt. Es bleibt aber eine eingeschränkte Schiffahrt möglich, soweit es die jeweils vorhandenen Tiefen gestatten...

Das muß man sich verdeutlichen: Der ursprüngliche Plan zur unmittelbaren Anbindung der Untereider an den Nord-Ostsee-Kanal wurde nun also doch realisiert. Jetzt allerdings, nach all dem Ärger und der Not, mit einem weit höheren Einsatz - nämlich mit dem Bau des zwei Millionen Mark teuren Gieselau-Kanals und mit einem anscheinend unwiederbringlichen Verlust: Das war die Trennung und die Brachlegung des Abschnittes der Untereider zwischen Rendsburg und Bokelhop, damit zugleich die Abtrennung des Verkehrsknotenpunktes Rendsburg von dem weiterreichenden Schiffahrtsweg Untereider.

Noch die Stadtväter von einst wollten die Schleuse in der Stadt und damit die unmittelbare Anbindung zur Untereider behalten. Ihren Nachfolgern nun waren die stadtnahen Bereiche des Flusses anscheinend gleichgültig; die Bürger hat man zu der Zeit nicht befragt. - In beiden Fällen wurde die Stadt nachhaltig tangiert. Eigene Entwicklungs- oder langfristige Zielvorstellungen jedoch, möglicherweise auch das Geschehen mit eigenen Investitionen lenkend, haben die Oberen der Stadt beide Male nicht einzubringen vermocht, leider.

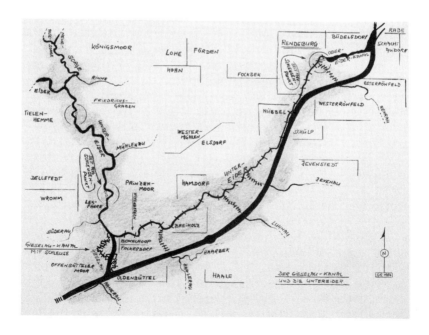

Übrigens – zwischen der Änderung der Eiderverhältnisse in Rendsburg und dem System der Schleusenregulierung der Untereider gibt es keinen verbindlichen Zusammenhang: Der Gezeitenstrom in der Untereider blieb ja erhalten. Und ob das Hochwasser in der Stadt nun mittels Schleuse oder mit einem Damm aufgefangen wurde, das war in der Sache gleichgültig; nur der Verkehrsweg wurde damit geschlossen. Aber auch der ersatzweise gebaute und schleusenbewährte Gieselau-Kanal spielte dabei keine Rolle. Er war nur der Schiffahrt zugedacht.

Es erscheint allerdings schon fast wie eine Ironie des Schicksals, daß auch das System der Schleusenregulierung auf Dauer nicht zufriedenstellte: Das mit dem Hochwasser eingeschwemmte Spülgut setzte sich insbesondere bei den Schleusen ab und führte nun seinerseits zu immer neuen Problemen wie gehabt. Auch war die Eindeichung noch nicht ausreichend, was die extreme Flutkatastrophe von 1962 sehr nachdrücklich bewies.

Hoffentlich endgültig wurden die Probleme der Untereider erst gelöst, nachdem das mächtige Eidersperrwerk zwischen dem Katinger Siel und dem Wesselburener Koog im Jahre 1973 in den Dienst genommen werden konnte. Das geschah knapp achtzig Jahre nach dem Bau des Nord-Ostsee-Kanals, der ja überhaupt erst das „Drama Untereider" auslöste. –

Reisebeschreibung

Die Reise beginnt in Rendsburg, wo die Ursachen und Wirkungen ihren Anfang nahmen, die schließlich zum Bau des Gieselau-Kanals führten:

Eine kleine Rundfahrt in der Stadt klärt das Verhältnis von Obereider und Untereider. Sie zeigt den Platz der früheren Eider-Canal-Stufenschleuse zwischen dem Gerhardsteich und dem alten Zollhaus. Das nahegelegene Zierbecken, zwischen der Schleuskuhle und der Hollesenstraße, ist ein Relikt der jüngeren Schleusenanlage, die erst mit dem Bau des Nord-Ostsee-Kanals notwendig und später zugeschüttet wurde. - Ein Abstecher führt durch Büdelsdorf bis hinunter zum Treidelweg, dem Uferweg der Obereider. Hiert an der Enge, westlich der gegenüberliegenden Werft, wäre es fast zu einer Abdämmung gegen den Kanal gekommen, wenn die Rendsburger nicht letztlich doch noch besserer Einsicht gefolgt wären. - Dem Treidelweg folgend kommt man zum Audorfer See, wo die Obereider und der Kanal auseinandergabeln, wo der Kanal zu einem weiten Bogen um die Stadt herum ausholt. Im Norden ist die Rader Insel erkennbar, darüber spannt sich die Autobahnbrücke. - Ein Blick zurück in die Obereider macht deutlich, welche Grenzen der Stadt Rendsburg gesetzt worden wären, wenn man den Kanal tatsächlich dem Lauf der Eider hätte folgen lassen. - Wieder in Rendsburg wirft man einen Blick auf den ruhig gewordenen Obereiderhafen. Links gegenüber liegt die Carlshütte. Durch die Stadt geht es zum Kreishafen, ihrem wichtigsten Umschlagsplatz seit dem Bau des Kanals. Nördlich des Hafens überquert die Eisenbahnhochbrücke mit der anschließenden Schleife, drunterhängend die Schwebefähre. Nur wenige hundert Meter weiter, in Höhe Westerrönfeld, untertunnelt die B 77 den Kanal. - Die Kanaluferstraße führt weiter in Richtung Südwest. An der Lotsenstation (Weiche Schülp) läßt sich eine Rast einlegen. Hier ist Gelegenheit zu einem kleinen Spaziergang hin zur Eider bei Nübbel; sie wird dort von einer hochgestelzten Fußgängerbrücke überquert. - Auffallend an diesem Streckenabschnitt ist die schon fast verbindliche Nachbarschaft von Eider und Kanal. Sie sind nur getrennt durch einen Hochwasserdamm, der zugleich die Uferstraße trägt. Ursprünglich sollte doch die künstliche Wasserstraße dem Lauf der Eider folgen. Nach dem Ergebnis der Verhandlungen zum Bau des Kanals war es jedoch nicht mehr möglich, die beiden Wasserläufe zusammenzulegen. - An der Südseite des Kanals münden die nun abgeschnittenen Nebenflüsse der Eider. Links des Flugplatzes Schachtholm ist es beispielsweise die Jevenau, rechts davon die Luhnau. - Diesseits, etwa zweihundert Meter vor der weithin erkennbaren Fähre Breiholz, führt der Weg rechts ab nach Hörsten, direkt in eines der früheren Überflutgebiete der Eider. Diesem Weg folgend kommt man über Lohklindt nach Breiholz und dort wieder rechts ab nach Hamdorf. Die Straße überquert den Fluß, ehedem war es eine Prahmfähre. - Ortseingang Hamdorf: Die zweite Straße links verläuft parallel zur Eider. Sie führt durch die tiefliegende Eiderniederung in ein Gebiet, das früher ständig vom Hochwasser bedroht war. - Über Sandknöll, einem kleinen Wohnplatz, geht es nach Wittenbergen, direkt am Eiderufer gelegen. Im Blick nach Süden macht die Eider eine Schleife. Dort sollte nach erster Planung eine Schleuse entstehen und der Nord-Ostsee-Kanal aus der Eiderniederung nach Südwest abweichen. Das Vorhaben scheiterte in Folge der Kanalverhandlungen mit der Stadt Rendsburg. - Die Fahrt geht nun weiter nach Langenberg und dann schnurstracks über Prinzenmoor hin zur B 203. Nur hundert Meter nach links überquert sie die ehemalige Eiderschleife von Lexfähre. Die Schleife ist abgedämmt, der Fluß begradigt; hier haben sich Wassersportler etabliert. Die in dem Durchstich angelegte Schleuse gehört zu dem Regulierungssystem der Eider, das 1936 eingerichtet wurde, in Verbindung mit der Schleuse Nordfeld. - An dieser Stelle endet die Besichtigungsfahrt zum Inhalt des Kapitels „Die Vorgeschichte".

DIE GIESELAU/HANERAU

Ein verstümmelter Fluß

Seinen Namen hat der Gieselau-Kanal von dem gleichnamigen, ehemaligen Nebenfluß der Eider. Die Herkunft des Namens Gieselau ist leider nicht nachgewiesen.

Die Gieselau hat keine eigene Quelle. Ihre zwei Quellströme heißen Westerau und Bellerbek. Diese entspringen in den Hochmooren nördlich von Albersdorf, bis 40 m ü/NN. Nach ihrem Zusammenfluß bilden sie in dem westlichen Ortszipfel von Albersdorf zunächst einen Mühlenteich. Aus ihm wurde jahrhundertelang eine Mühle in Gang gehalten, die aber leider vor etwa zwanzig Jahren eingestellt werden mußte. Die beiden aus dem Teich ableitenden Gräben, das sind der ehemalige Mühlenbetriebsgraben und der Überlauf, treffen noch in Albersdorf wieder zusammen, in der Nähe des Kreuzpunktes der Bundesstraße 204 mit der Eisenbahnlinie Neumünster - Heide; diese gehörte übrigens zu den Gründungslinien der Eisenbahnen in Schleswig-

Holstein. Erst ab diesem Punkt heißt der Fluß „Gieselau" *).

In ihrem Verlauf macht die Au erst einmal einen weiten, südöstlichen Bogen um den Kurort Albersdorf herum, wo ihr fast beiläufig ein Bach zufließt, die Forbek. Eingegraben in ein vielleicht bis fünfzehn Meter breites, tief ausgespültes Flußbett, schlängelt sie sich sodann durch ein hochliegendes, ausgedehntes Mischwaldgebiet, das sich südlich bis zum Nord-Ostse-Kanal hinzieht. Hünengräber sind dort zu finden - in vielfältiger Art. Sie deuten auf längst vergangene Kulturen hin und auf die lange, mehr ernste als heitere Vergangenheit dieses Landes, die bis weit über unsere Zeitrechnung zurückreicht.

Bevor die Gieselau zum Nord-Ostsee-Kanal abwandert, macht sie -ähnlich wie bei Albersdorfnochmals einen etwas kleineren Südost-Bogen um Wennbüttel herum. Sie unterquert den langen, allmählich ansteigenden Eisenbahndamm, der zur Grünentaler Hochbrücke hinaufführt, und erreicht dort eine tiefliegende Ebene, die man eigentlich nur als „lieblich" bezeichnen kann, ganz im Sinne norddeutscher Landschaft. Es ist eine vielleicht fünfhundert Meter breite und an die zwei Kilometer weit nach Nordost ziehende Moorwiesenebene. Sie ist eingeschlossen in bewaldete Hügelformationen und es scheint, als habe man hier eine Vielzahl an Bildern Holsteinischer Geest zusammengetragen:

Schnurgerade ziehende Gräben sorgen für die Entwässerung. Die Drähte der Weidezäune kann man vor dem Hintergrund nur schwer erkennen, aber

---

*) Der in den topogr. Karten des Landesvermessungsamtes ausgewiesene Entwässerungsgraben, zw. Albersdorf und Burwisch, wurde irrtümlich als Gieselau bezeichnet.

auch ihre grau verwitterten Pfähle, in gleichmäßigen Abständen in den Boden gerammt, markieren die Grenzen der Weiden. Da gibt es sogar Knicks. Deren hochgewachsenes Buchen- oder Weidengestrüpp bildet an den Wirtschaftswegen ein korrekt ausgerichtetes Spalier. Ein ehemaliger Eisenbahndamm überquert die Ebene; er stammt noch aus der Zeit vor dem Nord-Ostsee-Kanal. Mitten im Feld führt eine alte Steinbrücke über die Gieselau. Wenn es auch keinen unmittelbaren Zusammenhang gibt, so erinnert sie doch irgendwie an den alten Ochsenweg, der hier einmal -vor Jahrhunderten- zwischen Holstein und Dithmarschen vermittelte. Gesundes, kräftiges Vieh steht auf den Weiden; es mag dem Leser ein Lächeln abringen, aber sie gilt, die in einer örtlichen Publikation gegebene Warnung: „Vorsicht, Bullen !". Im Norden sind die Gehöfte von Wennbüttel zu sehen. An der Südflanke dagegen, an den Hängen, wetteifern alte, knorrige Bäume mit jungem, frischem Holz und leichtem Gestrüpp um die Vorherrschaft. Herrliche Flora, vielfältige, niedere Fauna - und hinter dem Bergrücken weiß man eine der bedeutendsten Verkehrsadern unserer Zeit, den Nord-Ostsee-Kanal.

Wie die Eider, so wurde auch die Gieselau durch den Kanal verstümmelt. Die künstliche Wasserstraße hat Teile des alten Flußbettes überdeckt, den Flußlauf unterbrochen. Die obere Gieselau mündet bei km 33 in den Kanal, das ist etwa zwei Kilometer nördlich der Brücke Grünental. Wo sich nun also das breite Band der künstlichen Wasserstraße ausdehnt, entlang dem Offenbütteler Moor, verlief ursprünglich der Fluß - mit kleinen Abweichungen natürlich, aber davon ist nicht mehr viel zu sehen. Lediglich bei km 38, das ist dort - wo die Querenbek vom Norden her mündet, findet sich an der Kanalsüdseite noch ein etwa anderthalb Kilometer langes Teilstück der Gieselau. Das ist heute ein teilweise wild-romantisch überwucherter Entwässerungsgraben. Davor steht noch ein altes, ausrangiertes „Schöpfwerk" *) aus den Anfängen des Kanals, dem Verfall preisgegeben. Vermoderndes Grünzeug hat seine Gitterroste zugeschwemmt, die Pumpen sind herausgenommen, der Maschinenkeller steht unter Wasser.-

Das Teilstück des alten Flußbettes zieht sich bis kurz vor Oldenbüttel. Dort trifft es mit der Hanerau zusammen, seinem größten, ehemals sogar schiffbar gewesenen Nebenfluß. Beide nun, das Teilstück der Gieselau und die Hanerau, münden bei km 39,6 in den Nord-Ostsee-Kanal. Die Hanerau ist hier endgültig zu Ende, nicht aber die Gieselau:

Nach erster Planung sollte der Kanal an dieser Stelle nach Nordost abbiegen, über einen künstlich verlängerten Abschnitt der Gieselau, bis hin zur Untereider bei Wittenbergen. Daraus wurde nichts. Das Reststück des Flusses, nördlich der Kanallinie, blieb zunächst ungenutzt liegen. In wilden Kurven schlängelte es sich acht Kilometer lang durch die nur drei Kilometer breite, im übrigen aber sehr weite und einsame Moorebene, bis hin zur Untereider, die sie nordöstlich von Schormoor erreichte.

Last und Nutzen

Wie die Eider, so teilte sich ehemals auch die Gieselau in total verschiedenartige Hälften. Der ursprüngliche Schnitt dürfte bei Wennbüttel gelegen haben, vielleicht am westlichen, später am östlichen Ende der Moorwiesenebene. Der Oberlauf des

---

*) Die allg. übliche Bezeichnung „Schöpfwerk" ist durch die angewandte Technik überholt. Heute verwendet man üblicherweise automat. Pumpanlagen.

Flusses diente der Entwässerung und der kleinen Anliegernutzung, z. B. Mühlenbach, Fischgewässer, Viehtränke usw. Zu mehr war dieser Teil der Gieselau nicht geeignet. Der Oberlauf schuf keine Probleme, brachte aber auch materiell keinen wesentlichen Nutzen. Anders dagegen der Unterlauf, dessen frühere Verhältnisse weitgehend mit denen der Alten Sorge *) zu vergleichen sind:

Die irrigerweise als Gieselau-„Tal" bezeichnete Fläche. von der Wennbütteler Moorwiesenebene, entlang dem Südrand des Offenbütteler Moores, bis Oldenbüttel, dann nach Norden bis zur Eider, sie ist platt wie ein Teller. Wie ein Riß führt die tiefausgespülte Flußrinne hindurch. Bei normalen Wasserstandsverhältnissen war das soweit auch ganz in Ordnung, jedoch gehörten die Gieselau und ihr Nebenfluß Hanerau zu den Nebenflutern der Untereider. Die anschließenden Flächen waren zugleich das größte Überflutgebiet dieser Region - und das brachte Probleme:

Wenn es nämlich Hochfluten gab, besonders im Frühjahr und Herbst - wo Sturm und Regen und Schmelze zusammentreffen, wo der Oberlauf und der Unterlauf ohnehin schon Hochwasser führten und dann auch noch das gestiegene Gezeitenhochwasser hinzu kam, dann wurden diese Neben- und Überfluträume hoffnungslos überschwemmt. Da gab es keinen Damm, keinen Knick, keine andere Bodenerhebung, die das Wasser möglicherweise hätte aufhalten können.

Irgendwann im frühen Mittelalter wurde unterhalb Wennbüttel der sogenannte Kuckswall angelegt; noch heute sind dort Reste der Anlage zu finden. Der Wall wird gemeinhin als Teil einer Wehranlage der Dithmarscher gegen die Holsten

---

*) siehe hierzu Fußnote Seite 25

verstanden. Es gibt allerdings auch Beiträge (z.B. O.Meier), die in ihm eine erste Deichanlage gegen das Hochwasser zu erkennen glauben. Wenn das richtig sein sollte, dann könnte der (verlängerte) Wall allerdings höchstens die Wennbütteler Moorwiesenebene nach Osten zu abgeschlossen haben. Jede andere Eindeichungsmaßnahme wäre einfach zu aufwendig gewesen. Die Literatur des vergangenen Jahrhunderts spricht noch von den großen Problemen der Entwässerung im Bereich der Gieselau.

Natürlich hat man versucht, den Schwierigkeiten beizukommen. In die Seitenströme und Gräben wurden Wehre gesetzt, die sowohl gegen den Abstrom wirken sollten - um das „Oberwasser" zeitweilig festzuhalten, damit in der Niederung das Gleichgewicht gehalten werde, als auch gegen das Gezeitenhochwasser - um eine Überflut zu verhindern. Damit wurden die kritischen Punkte allerdings nur verschoben, nicht das Problem an sich gelöst.

Eine bessere, aber auch keineswegs zufriedenstellende Lösung waren die Schleusen an den Mündungen Hanerau/Gieselau und Gieselau/Eider. Dabei handelte es sich vermutlich in beiden Fällen um zwei jeweils nur einfach in die Flußbetten hineingesetzte Tore, wobei eines zum Oberlauf und das andere zum Unterlauf öffnete. Bei Niedrigwasser standen die Tore offen, bei Hochwasser wurden sie geschlossen. Die zwischenliegenden, nicht ausgebauten Kammern hatten keinen Niveauausgleich - was besagt, daß die Anlagen vordergründig als Sperrwerke dienten und nur hilfsweise als Schiffahrtsschleusen.

Die Schiffahrt auf der Gieselau/Hanerau muß dennoch sehr lebhaft gewesen sein, vielleicht - weil die stark unterschiedliche Fahrwassertiefe und überaus kurvenreiche Strecke größere Fahrzeuge nicht zuließ; geringe Ladekapazitäten wurden durch höhere Frequenzen ausgeglichen. Man benutzte kleine, hölzerne Schiffe von eher plump wirkender Bauart, mit geringem Tiefgang. Damit war die Gieselau immerhin bis Wennbüttel befahrbar, die Hanerau sogar bis Bokhorst. An beiden Flüssen gab es gleich mehrere Häfen, die man aber wohl eher als Landeplätze bezeichnen muß: Am Ufer ein paar Pfähle eingerammt, Bretter darüber, Anlegestelle fertig. Hafenanlagen heutiger Bauert wären einfach nicht denkbar gewesen. Die jeweils kleinen Mengen Holz, Torf, landwirtschaftlicher Produkte und Baumaterialien, die hier üblicherweise verladen oder gelöscht wurden, bedurften keines besonderen Aufwandes.

In diesem Zusammenhang sei allerdings an jenen französischen Seemann erinnert (Jean Besson), der um 1810 - von Dänemark her kommend, viele Fuhren Schiffsmasten für die napoleonische Marine zu befördern hatte: Um die von den Engländern bewachten Wasserstraßen und Seewege zu meiden, benutzte er u. a. auch gewisse Schleichwege durch Schleswig-Holstein. Dazu gehörte der Weg vom Eider-Canal über die Untereider bis Bokelhop, weiter über die Gieselau bis Oldenbüttel und ab hier über die Hanerau bis Bokhorst, wo sich sein Weg dann streckenweise verliert. - Die Geschichte wurde bekannt, durch einen Brief des Schleusenwärters an der Flußmündung, der von seinem Herrn auf Gut Hanerau wissen wollte, ob er die Ladungen passieren lassen dürfe. Es muß damals wohl allerhand Schereien gegeben haben, weil die Bäume oder die Flöße nicht in die Schleusenanlage paßten und daher viel Schaden anrichteten. Alle Bemühungen, dem Franzosen den Weg über Lexfähre schmackhaft zu machen, schlugen fehl. Ruhe gab es erst, als seine deutschen Mittelsleute für die Bezahlung möglicher Schäden aufzukommen versprachen.

Auflösung

Diese Bilder der Gieselau wurden mit dem Bau des Nord-Ostsee-Kanals vor fast einhundert Jahren wesentlich verändert. Das damals von West nach Ost verlaufende Teilstück des Flusses, von Wennbüttel bis in Höhe Oldenbüttel, es existiert nicht mehr, ist in dem Kanalbau aufgegangen. Obwohl der Kanal bei Oldenbüttel weitergezogen wurde, entgegen ursprünglicher Planung also nicht zur Untereider hin abbog, hat man dennoch die Hochwasserverhältnisse des Gebietes in einem Zuge mit dem Kanalbau ein für alle Mal regeln können:
Zur Eider hin wurden die Deiche erhöht und neue angelegt. Die ganze Niederung entzog sich damit dem Hochwassereinfluß der Eider; allerdings verlor die Eider damit zugleich einen ihrer größten Neben- und Überfluträume. - Über ausreichend breite und tiefe Gräben, die schnurgerade durch die Niederung ziehen, wird das Grund-, Regen- und Schmelzwasser seither besser aufgefangen, gesammelt und abgeleitet. Ein sogenanntes Schöpfwerk sorgt dafür, daß gewisse, vorgesehene Pegelstände nicht überschritten werden. Überschwemmungen gibt es an dieser Stelle nicht mehr.
Auch die Schiffahrt auf der Gieselau/Hanerau hatte mit Anlage des Nord-Ostsee-Kanals ein Ende; die große Verkehrsader duldet keine kreuzenden Nebenstrecken. Ohnehin aber war die Überlebenschance der Kleinschiffahrt zum Ende des vergangenen Jahrhunderts nur mehr gering. Die Weiterentwicklung des Schiffsmaterials und anderer Verkehrsmöglichkeiten, Straße und Bahn, ging über sie hinweg. Die Unterbrechung und damit das Ende der Wasserstraße Gieselau/Hanerau kam daher nur einer Vorwegnahme ihres sich bereits abzeichnenden Unterganges gleich.
Die Erschließung des Landes war mit diesen

Neuerungen natürlich nicht unterbrochen: In der Gründungsstufe des Nord-Ostsee-Kanals (man baut jetzt schon in der zweiten Erweiterungsstufe) gab es an seinen Ufern noch eine ganze Reihe von kleinen und kleinsten Landeplätzen. Im Bereich des gewesenen Gieselauabschnittes waren das beispielsweise die Plätze Oldenbüttel und Fischerhütte, wo zugleich -mittels Fährverbindung- die Landwege kreuzten; das gilt heute noch. Diese Kanalstrecken wurden von Rendsburg aus per Dampfschiff bedient, mit Personen- und Expreßgutbeförderung. Zwanzig Jahre später jedoch, mit Beginn der ersten Ausbaustufe des Kanals, war die Westfahrt dieser Schiffahrtslinie bereits wieder eingestellt. Ihr rascher Untergang bestätigte die Annahme, daß dem Kleinverkehr zu Wasser künftig eine wesentliche Bedeutung nicht mehr zukommen werde.

Reisebeschreibung

Diesmal beginnt die Fahrt in Albersdorf, wo man die Gieselau allerdings nur an einzelnen Punkten erreichen kann. Wer etwas genauer hinsehen möchte, sollte sich deshalb für den Luftkurort einmal einen ganzen Tag Zeit nehmen - es lohnt sich wirklich. - Von der Stadtmitte aus geht man am besten ein paar hundert Schritte zu Fuß, entlang der B 204 in Richtung West. Hier unterquert die Gieselau. Weiter zum Kreuzpunkt des Schienenweges und dann rechts ab, gelangt man an die alte Mühlenanlage, wo die Quellströme zusammenfließen und dann erst die Gieselau bilden. - Von der Stadtmitte über die B 204 etwa anderthalb Kilometer in Richtung Süden, erreicht man (vor der großen Kreuzung) nochmals den Fluß. Hier hat er bereits den Süd-Ost-Bogen um Albersdorf herum vollzogen, er ist breiter geworden und fließt nun auf Wennbüttel zu. In dem Wald links der Flußrichtung befinden sich diverse Kulturdenkmale längst vergangener Zeiten - aber wie gesagt, daß könnte einer Ortsbesichtigung vorbehalten bleiben. - Man fährt am besten gleich wieder zurück, in der Ortsmitte halbrechts und dann nach der Bahnüberquerung sofort rechts ab nach Wennbüttel. - Dort, etwa in der Dorfmitte, führt ein Wirtschaftsweg nach Süden in die Feldmarken. Es öffnet sich ein weiter Blick über die Moorwiesenebene, das westliche Teilstück des ehemals riesigen Überflutgebietes. Schon nach sechshundert Metern kommt man an den alten Eisenbahndamm, der jetzt als Wirtschaftsweg dient. Mit Hilfe einer alten Steinbrücke überquert er die Gieselau. - Der Weg führt weiter bis zum Wald. Da kann man den Wagen abstellen und bis zum Kanal gehen, bis in unmittelbare Nähe der neuen Grünentale Hochbrücke. Von dort hat man einen guten Blick über die Kanalverbreiterungsarbeiten. - Der Vorschlag lautet allerdings anders: Wieder zurück nach Wennbüttel und dort rechts ab dem Weg nach. Er führt direkt zur Fähre Fischerhütte. - Diesseits des Kanals kann man den Wagen abstellen und dann zu Fuß in Richtung Brücke gehen. Auf nur halber Strecke (2.5 km) erreicht man die Gieselaumündung. Sie ist hier wegen der Kanalverbreiterung neu eingefaßt und mit einer Brücke versehen. In diesem Abschnitt wird das ehemalige Flußbett von dem Kanal total überdeckt. - Mit der Fähre Fischerhütte übersetzen und dann über Hademarschen nach Oldenbüttel fahren, bis an die Fähre. - Zu Fuß nach Westen ist schon nach dreihundert Metern an der Nordseite die Mündung des Gieselau-Kanals zu sehen. Die weite Kanalöffnung hier nennt sich „Weiche Oldenbüttel", so heißt auch die Signalstation am Ufer. - Nach einem Kilometer kommt man an die Mündung der Gieselau/Hanerau. Parallel zum Weg verläuft der alte Gieselaugraben, der hier nur mehr als Entwässerungsgraben dient. Er ist hier etwa anderthalb Kilometer lang. Auf halbem Wege findet sich das dem Ruin anheim gegebene Gebäude eines alten Schöpfwerkes. Nochmal anderthalb Kilometer weiter mündet an der Nordseite die Querenbek. Die Mündung ist leicht zu erkennen, an den beiden Schöpfwerksgebäuden (klein = alt, groß = neu). - In Oldenbüttel endet die Reise des Teiles „Gieselau/Hanerau". -

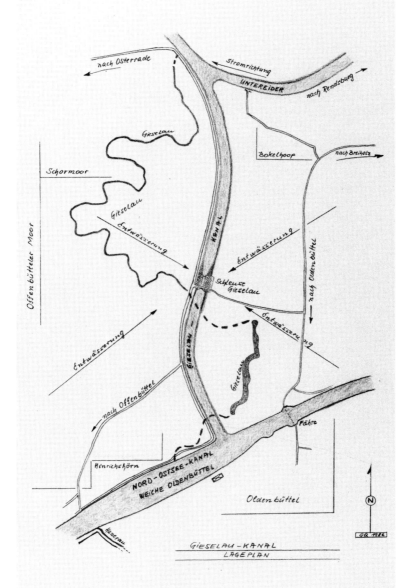

DER GIESELAU-KANAL

Lage und Anlage

Nach der Abtrennung ihrer Neben- und Überflutgebiete, dabei das Gebiet der Gieselau/Hanerau, hatten die Wasserstandsprobleme der Untereider also in erschreckendem Maße zugenommen. Aufgabe der Wasserbauingenieure war es nun, die Probleme möglichst schnell und möglichst kostensparend und nachhaltig zu lösen. Dabei war deren Handlungsspielraum eingeengt, zunächst durch die schwierigen, wirtschaftlichen Verhältnisse zum Ende der Weimarer Republik, später durch die sozialpolitischen Vorgaben mit dem Beginn des Dritten Reiches.

Nachdem die Gespräche mit der Stadt Rendsburg wieder einmal quasi gescheitert waren, blieb den Ingenieuren für diesen Teil des Projekts gar keine andere Wahl, als nach einer sinnvollen Ersatzlösung zu suchen. Sie hieß:
a) Verzicht auf den vergrößernden Neubau der

Schleusenanlage Rendsburg - die wurde dann ja zugeschüttet.
b) Verzicht auf die Baggerung der Eiderstrecke von Rendsburg bis Bokelhop - diesen Abschnitt hat man sozusagen brachgelegt, d. h. der weiteren Versandung preisgegeben.

Im Ergebnis brachte das zusammen eine Kosteneinsparung, die jedenfalls ähnlich hoch gelegen haben muß, wie die kalkulierten Kosten für den Bau eines Gieselau-Kanals. Hinzu kamen dann noch zwei Nebenprodukte, und zwar

c) die Arbeitslosenbeschäftigung. Zur Zeit der Vorgespräche und Planungsarbeiten, Anfang der 3o-er Jahre, gab es in Deutschland Arbeitslose von durchschnittl. 10% der Gesamtbevölkerung, was sich in strukturschwachen Gebieten - wie etwa Schleswig-Holstein, auf bis zu 25% steigern konnte. Zum Abbau der Arbeitslosigkeit hat man damals staatliche Arbeitsbeschaffungsprogramme entwickelt, in die dann auch der Bau des Gieselau-Kanals einbezogen wurde. Noch in dem Planungsentwurf waren die Tiefbauarbeiten für den Kanal mit (Zitat) „180.000 Arbeitslosentagewerke" ausgewiesen.

d) die Verkürzung der westlichen Eiderfahrt um drei Stunden. Das war schon Bestandteil der ersten Fixplanung zum Bau des Nord-Ostsee-Kanals gewesen. Die Idee wurde damals jedoch im Zuge der Planänderungen wieder fallengelassen. Daß sie dennoch nicht vergessen war, ergab sich nun aus dem Plan zum Bau des Gieselau-Kanals.

Es hat sich leider niemand mehr gefunden, der den Vorgang und die Kriterien hätte wiedergeben können, wonach der vorteilhafteste Anschlußpunkt Eider damals ermittelt wurde. Vermutlich sind

die Ingenieure einfach von praktischen Zielvorstellungen ausgegangen. Sie haben das Eiderknie bei Bokelhop als räumlich äußersten Punkt für den Abzweig erkannt, daraufhin eine Schnittlinie als Kanaltrasse in Richtung Oldenbüttel fixiert und die möglichen Kosten überschlägig kalkuliert. Die gesuchte Antwort ergab sich danach aus einem Vergleich mit den Zahlen des (gescheiterten) Projekts Schleuse Rendsburg pp.

Die Arbeiten zu dem Entwurf des Gieselau-Kanals hat der Reichsverkehrsminister mit Erlaß vom 7.12.1933 genehmigt. Der letztlich ausgeführte Entwurf wurde im Jahre 1934 erstellt. Die Bauausführung erfolgte allerdings erst im Jahre 1936, im Zuge mit der Errichtung der Schleusen Nordfeld und Lexfähre.

Die Gieselau ist wohl Namensgeber des Kanals, im übrigen aber gibt es zwischen den beiden Wasserläufen keine wesentlichen Gemeinsamkeiten. Das alte Flußbett wird lediglich zweimal von dem Gieselau-Kanal gekreuzt. Das ist an der Kanal-Kanal-Mündung und dann noch einmal südlich vor der Schleuse. Die Kreuzpunkte lassen sich heute allerdings kaum noch feststellen, Anschüttungen und Bewuchs haben sie unkenntlich werden lassen.

Ein Blick auf den Verlauf der unteren Gieselau macht zudem deutlich, daß das kurvenreiche Flußbett niemals für einen Kanalausbau hätte in Frage kommen können. Die Kanallinie mußte erst durch Untersuchungen des Untergrundes ermittelt werden. Dazu wurden Probebohrungen angestellt:

Die oberen, allesamt mehrere Meter starken Schichten erwiesen sich dabei als weichmoorig, schlecht für einen Kanalbau. Darunter fand sich jedoch ein feinsandiger Schwemmboden, wie er für eine Kanalsohle besser nicht hätte sein können. Zur Mitte der zunächst noch imaginären Kanallinie ergaben die Bohrungen ein großes Feld Geschiebemergel *), dessen rinnenartig ausgeprägte Oberfläche beste Voraussetzungen bot, für die standsichere Aufnahme der Schleuse. Später erwies sich die Schicht sogar als so ausgedehnt und stark, daß man auf die hierzulande sonst übliche und überaus kostspielige Pfahlgründung der Schleuse verzichten konnte.

Das Ergebnis der Probebohrungen bestimmte die Linienführung des Gieselau-Kanals in klarer Nord-Süd-Richtung. Bei schwacher Auskurvung, ähnlich einem langgezogenen, spiegelverkehrten „S", beträgt seine Gesamtlänge zweitausendachthundert Meter (2,8 km).

Der Verbindungskanal mündet im Süden in den Nord-Ostsee-Kanal, dort in den östlichen Hals der Weiche Oldenbüttel. Das ist bei Kanal-km 40,8, gleich gegenüber der Signalstation. Dieser Punkt erwies sich als besonders günstig: Andernfalls nämlich wäre man im inneren Bereich der Weiche herausgekommen und hätte dort, wegen der freien Ein- und Ausfahrt, mehrere Dalben herausnehmen müssen. Das wäre dann zu Lasten der Verkehrssicherheit gegangen. Zudem hätte man die Signalstation versetzen müssen - bis gegenüber der Einmündung, denn ihr war von Anfang an die Aufgabe zugedacht, auch den ein- und abbiegenden Gieselauverkehr zu regeln.

Im Norden mündet der Kanal in die Untereider, und zwar rechts versetzt neben der alten Gieselaumündung. Das hat seinen besonderen Grund: Der Bau des Nord-Ostsee-Kanals setzte der Gieselau-

---

*) Geschiebemergel = durch Gletscher in Lagen aufgeschobenes, danach gesteinsartig verhärtetes Gemisch aus Ton und Kalk

Schiffahrt ein Ende und die Entwässerung der Gieselauniederung wurde neu geregelt. Die Schleusenanlagen und der Landeplatz (Hafen) an der Flußmündung waren damit überflüssig geworden, sie wurden abgebrochen, aber nur ebenerdig. Das danach nicht mehr erforschte Gründungsmaterial blieb im Boden. Um sich nun damit nicht auch noch befassen zu müssen - die Ingenieure befürchteten kostentreibende Schwierigkeiten, hat man dem Verbindungskanal einfach eine eigene Mündung gegeben.

Der Gieselau-Kanal hat eine betont schlanke Linie. Er ist damit bedarfsgerecht angelegt und ins Verhältnis gesetzt, zu den Schiffahrtsmöglichkeiten auf der Untereider. Die Planung sprach ausdrücklich von den (Zitat) „kleinen, hier verkehrenden Schiffen". Und dennoch sind die schlanke Linie und die Schleuse ein Kompromiß - nämlich an die Kriegsmarine. Sie forderte unbeschwerte Fahrt für ihre lang und schmal gebauten, dadurch auf Geschwindigkeit getrimmten Fahrzeuge (Minenleger, Schnellboote etc.). Übrigens hat man aus diesem Grunde auch die Untereider stellenweise zusätzlich begradigt; das geschah jedenfalls nicht -wie irrtümlich angenommen wird- allein um den Strom des Fließwassers zu beschleunigen.
Glücklicherweise hat es die Kriegsmarine niemals nötig gehabt, die Geschwindigkeiten ihrer Fahrzeuge ausgerechnet im Gieselau-Kanal zu erproben. Es ist wohl kaum anzunehmen, daß dessen Böschungen einem solchen Versuch standgehalten hätten. Sie bestehen aus weichmoorigem Boden und wurden schon deshalb in dem außerordentlich flachgehenden Verhältnis von knapp 1:4 angelegt. Der Querschnitt des Grabens läßt so eine Höchstgeschwindigkeit von 15 km/h zu, was den zulässigen Höchstgeschwindigkeiten auf dem Nord-Ostsee-Kanal und der Untereider angepaßt ist.

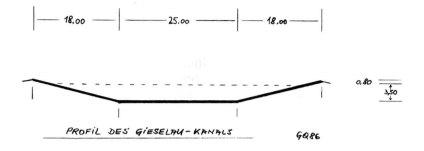

Die Sohle des Kanalgrabens ist 25 m breit, seine obere Breite (Böschung Oberkante) liegt bei 60 m. Die Tiefe des Grabens *) beträgt 4,30 m, bei einem Normalwasserstand von 3,50 m und höher. Höher sind allerdings nur geringfügige Schwankungen von üblich bis max. 0,20 m, die auf wechselnde Wasserstände der beiden Hauptlinien zurückzuführen sind. Die Differenz zwischen der Höhe des Wasserstandes und der Oberkante des Grabens beträgt also zwischen 0,80 m bis 0,60 m.

Der Höhe der Grabenwände von 4,30 m sind noch die Deiche hinzuzurechnen; diese wurden aus der oben wiedergegebenen Profilskizze herausgehalten, um die Darstellung nicht unübersichtlich werden zu lassen: Die Vorlande sind nämlich unter-

---

*) Zum Vergleich: Die derzeit geltenden, allgemeinen Maße des Nord-Ostsee-Kanals, nach der 1. und (in Klammern) nach Fertigstellung der 2. Erweiterungsstufe:
Sohle 44 m (90 m),
obere Breite 102,5 m (162 m)
Tiefe 11 m (gleichbleibend)

schiedlich weit, zwischen 2,40 und 9,00 m. Auch läßt sich die Deichhöhe nicht mehr einheitlich angeben, weil die Dämme hier und dort in dem weichen Boden abgesunken sind. Deren ursprüngliche Höhe betrug 1,15 m. Rechnet man nun 4,30 m Grabentiefe plus 1,15 m Deichhöhe, so ergab das 5,45 m Gesamthöhe, abzüglich 3,50 m Wasserspiegel, verblieben knapp 2,00 m Schutzwall zur Sicherung des Umlandes. Es müßte schon eine heftige Sturmflut sein, die eine solche Hürde an dieser Stelle überwinden könnte.

Dabei war die Eindeichung zunächst gar nicht vorgesehen. Mit Anlegung der Schleusen Nordfeld und Lexfähre hielt man das Hochwasserproblem der Untereider vorerst noch für erledigt. Erst nachträglich wurden die Dämme eingeplant, auf Betreiben des szt. eben erst gegründeten Eider-Verbandes, aus wohlüberlegten und -wie sich später herausstellen sollte- auch zutreffenden Gründen.

Die Schleuse

Natürlich ist die Schleuse dem Höhenverhältnis der Grabenwände angepaßt, insoweit ist sie Bestandteil der Schutzanlagen gegen mögliches Hochwasser. Sie dient jedoch dem Niveauausgleich zwischen den Wasserständen der Untereider und des Nord-Ostsee-Kanals.

Fortgesetzte Messungen am Pegel Rendsburg hatten vor dem Bau des Gieselau-Kanals folgende, übliche Wasserstände ergeben:

	N-O-Kanal	Untereider
Hochwasser	NN + 0,40 m	============
mittl. Stand	NN - 0,15 m	NN - 0,20 m
nied. Stand	NN - 0,36 m	NN - 0,50 m

In dem Verbindungskanal mußte demnach mit einem Strömungsgefälle von bis zu 0,90 m zur Eider hin gerechnet werden. Damit drohten verschiedene Gefahren:

Zunächst für den Nord-Ostsee-Kanal, dessen Wasser teilweise zur Untereider hin abfließen würde. Dann für den Verbindungskanal, dessen weiche Böschungen einer solchen Strömung nicht hätten standhalten können. Weiter für den Wasserstand der Eider, der sich durch den Zustrom verändern und damit die angrenzenden Ländereien gefährden mußte. Schließlich für die Qualität des Flußwassers, die durch den Zustrom des Brackwassers *) aus dem großen Kanal erheblich nachlassen würde.

Schon um diese Gefahren und (Zitat) „geringen (Wasserstands-) Differenzen beherrschen zu können", war die Errichtung einer Schleuse notwendig. Wegen der Schiffahrt konnte das natürlich nur eine Kammerschleuse sein. Ihr Standort war ja bereits vorgezeichnet, durch ein großes Feld Geschiebemergel im Untergrund. Vom Süden her, auf knapp halber Kanallänge, inmitten einer etwa 650 m langen Geraden, wurde der Sockel aufbetoniert und darauf die Schleuse errichtet.

Wie den Kanal an sich, so hat man natürlich auch die Schleuse dem Bedarf der „kleinen, hier verkehrenden Schiffe" angepaßt:

Es ist eine Einkammerschleuse von 70 m Länge und 10 m Breite (Durchlaß max. unter 9,50 m), mit einer Tiefe von mind. 3,50 m. Die ausbetonierten Eisenspundwände sind 5,20 m hoch. Der Schleusenboden ist gepflastert.

Stemmtore waren vorgesehen; das sind Klappen, die gegen das Außenwasser „aufgestemmt"

---

*) Gemisch aus Salz- und Süßwasser

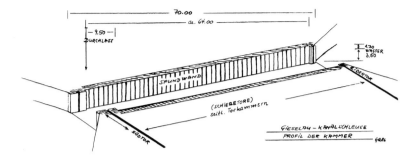

werden. Sie haben den Nachteil, daß sie die Schleuse verlängern, das ist immerhin ein beträchtlicher Kostenfaktor. Nur deshalb wurden letztlich aufgehängte Schiebetore eingebaut (laufen unter Schienen). Diese werden an den beiden Schleusenhäuptern jeweils seperat bedient. Der Niveauausgleich erfolgt unterhalb der Wasseroberfläche, beidseitig durch verschließbare Öffnungen (Gleitschütze) in den Toren.

Gegen die Drift und andere „Abweichungen vom rechten Kurs" sind den beiden Schleusentoren trichterförmig angeordnete Leitwerke vorgelagert. Das sind in Abständen aneinandergereihte Dalben einfacher Art. Innenseitig sind sie mit langen, schmalen, aber begehbaren Fenderflößen bewehrt. Deren Schutz gilt sowohl den Dalben, als auch den möglicherweise anstoßenden Schiffskörpern.

Südlich der Schleuse, rechts und links an den Ufern, sind hinter den Dalbenreihen lange Bootsstege angelegt. Diese Stege gehören nicht zu der

Schleusenanlage, obwohl sie von dem Schleusenpersonal beaufsichtigt werden. Es handelt sich dabei um Liegeplätze für Übernachtungen:

Sportboote dürfen den Nord-Ostsee-Kanal bei Dunkelheit nicht befahren. Sie müssen das Fahrwasser verlassen, aus Sicherheitsgründen aber auch die abgegrenzten Flächen in den Weichen. Wer den Kanal befahren will, muß seine Fahrt also notwendigerweise so einrichten, daß er die Strecke entweder bei Tageslicht schafft (ca. 8 Std. Fahrt), oder daß er rechtzeitig einen der Übernachtungsplätze erreicht. An der Ostlinie des Nord-Ostsee-Kanals wird es insoweit kaum irgendwelche Schwierigkeiten geben. Mit den Liegeplätzen in Holtenau, auf dem Flemhuder See, in der Borgstedter Enge und in der Obereider, sind genug Übernachtungsmöglichkeiten angeboten. Auf der langen Westfahrt dagegen ist die Situation leider sehr viel schlechter. Dort kann man nur in Brunsbüttel übernachten, oder (kostenlos) vor der Schleuse im Gieselau-Kanal. In dem Kanal darf jeweils nur einmal übernachtet werden, insbesondere sind die Plätze dort keine Dauerliegeplätze - darauf wird streng geachtet.

Wieder zur Schleuse:

Eine Portalklappbrücke *) überquert das südliche Schleusenhaupt. In den Bauunterlagen wird sie als „Feldwegbrücke" ausgewiesen. Tatsächlich dient sie zur Hauptsache dem landwirtschaftlichen Anliegerverkehr, aber auch dem Versorgungs- und dem individuellen Personenverkehr, von den umliegenden Höfen und Wohnplätzen Bokelhop, Tackesdorf, Schormoor, Hinrichshörn usw., in die fernen Dörfer links und rechts des Gieselau-Kanals. Dies besagt

---

*) Klappe einseitig mit Kontergewicht

schon, daß seine Umgebung weiträumig ist und -im gewissen Sinne- auch einsam. Entsprechend schwer haben es die Anlieger, zusätzlich noch dadurch, daß hier die Kreisgrenze nach Dithmarschen verläuft; kommunale Verwaltungsgrenzen sind nicht immer auch vernünftige Grenzen.

Hinrichshörn beispielsweise: Es liegt an der Südwestecke des Gieselau-Kanals. Seine Bewohner verkehrten schon lange vor dem Bau des Nord-Ostsee-Kanals nach Oldenbüttel. Deren Kinder besuchten dort auch die einklassige Volksschule. Der Fußweg verlief szt. querbeet durch die Feldmarken, er wurde durch den Bau des großen Kanals unterbrochen. Künftig war der Weg einen Kilometer länger: Die Leute mußten einen sogen. Kanalseitenweg benutzen, um dann mit der Fähre nach Oldenbüttel zu kommen. In den offenen Jahreszeiten mochte das noch angehen, aber wintertags - wenn die Fähre wegen des Schiffsverkehrs manchmal zwanzig Minuten und mehr auf sich warten ließ, dann war es schon eine unangenehme Sache. Besonders Kinder waren betroffen: Es herrschte ja nicht nur allgemeine Winterkälte. An der offenen Kanallinie kamen der naßkaltre Südwest- oder (schlimmer noch) der eiskalte Ostwind dazu. - Der Bau des Gieselau-Kanals nun unterbrach auch noch den Kanal-Seitenweg, versperrte den Weg zur Fähre. Im Planfeststellungsverfahren verlangten die Bewohner von Hinrichshörn dafür den Bau einer Brücke oder doch wenigstens die Einrichtung einer Bootsfähre, wie sollten sie sonst nach Oldenbüttel kommen. Der Antrag wurde aus rechtlichen und aus Sicherheitsgründen abgelehnt. Daraufhin verlangten die Leute einen kürzeren Weg von Hinrichshörn querbeet über das Moor zur Schleuse, aber auch dieser Antrag wurde abgelehnt, nun aus Kostengründen. Durch den neuen Weg, Seitenweg Nord-Ostsee-Kanal - Seitenweg Gieselau-Kanal und dann über die Gieselauschleuse zur Fähre, verlängerte sich ihr Weg nach Oldenbüttel um weitere zwei auf nun insgesamt fünf Kilometer. - Mit zunehmender Mobilität konnten sich die Erwachsenen bald mehr und mehr von der Last des langen Weges befreien, nicht aber die Kinder. Im Gegenteil: Bald wurde die einklassige Schule in Oldenbüttel geschlossen. Die Kinder mußten nun weitere sieben Kilometer auf sich nehmen, nämlich mit dem Omnibus von Oldenbüttel zur Schule in Hademarschen. - Nach langem Hin und Her mit den Schulbehörden ist das inzwischen geändert. Jetzt dürfen die Kinder nach Breiholz bzw. nach Hamdorf zur Schule gehen. Der Weg dorthin ist so lang wie der Weg nach Hademarschen, immerhin aber brauchen sie jetzt nicht mehr am Kanalufer auf die Fähre zu warten -.

Auch der Bürgermeister von Breiholz wurde auf den Brückenübergang an der Gieselauschleuse verwiesen, als er die Wiederherstellung des Weges „von Breiholz nach Dithmarschen" forderte.

Nicht besser erging es den Bauern der umliegenden Wohnplätze: Sie wehrten sich gegen den Kanalschnitt durch ihre Ländereien und verlangten außerdem die Wiedererrichtung der Hafenanlage an der Gieselaumündung. Ihnen wurde der Bescheid gegeben, daß sie einen Anspruch auf Hafenanlagen nicht hätten, daß sie aber dennoch den Schnitt durch ihre Ländereien dulden müßten. Die Kosten für eine andere Streckenführung, oder für eine Verlegung des zu der Zeit schon im Bau befindlichen Gieselau-Kanals - so heißt es in dem Bescheid, stünden in keinem Verhältnis zu den geringen Aufwendungen, die sie haben würden, wenn die Bauern -an Stelle ihrer ehemals direkten Zufahrt- nun den vorgesehenen Schleusenübergang benützten.

Durch solche Geschichten darf man sich freilich nicht täuschen lassen. Der über die Schleusenbrücke gehende Verkehr war von Anfang an als gering eingeschätzt und dabei ist es auch geblieben; vielleicht weil der Umweg über die inzwischen voll ausgebaute B 203 (über Lexfähre) den „Weg nach Dithmarschen" voll ersetzte. Aus diesem Grunde auch konnte die Schleuse mit einer einfachen Portalklappbrücke ausgestattet werden. Längere Wartezeiten sind dort nicht zu befürchten. Die Schleusenbrücke wird nach jeder Ein- oder Ausfahrt sofort wieder herabgelassen, das dauert immer nur ein paar Minuten. Insoweit gab es in der Vergangenheit nur eine Ausnahme, das war die Durchfahrt von Fahrzeugen der Kriegsmarine:

Die Klappbrücke ist innenseitig über das südliche Schleusenhaupt gelegt, das verkürzt die Kammer um 6 m. Formationen der Kriegsmarine benötigten jedoch immer die ganze Schleusenlänge. Wenn sie passierten - was glücklicherweise nicht oft vorkam, dann mußte die Brücke also aufgeklappt bleiben. Es konnte kein Landfahrzeug hinüber, bis das letzte Schiff die Schleusenkammer wieder verließ. Das konnte unter Umständen eine Stunde und länger dauern -.

Auch über das nördliche Schleusenhaupt, dem sogenannten Eidertor, führt eine Klappbrücke, oder besser gesagt - ein Klappsteg. Es ist ein wesentlich schmaleres Gegenstück zu der Südbrücke und gedacht allein als Übergang für das Schleusenpersonal.

Bedient, gewartet und gepflegt werden die Anlagen und das Grundstück von einem Schleusenmeister und -bei Bedarf- einem Gehilfen. Sie kassieren auch das Schleusengeld, beaufsichtigen die Liegeplätze, südlich vor der Schleuse, und bedienen, beaufsichtigen und warten das Schöpfwerk an der Westseite, neben dem nördlichen Schleusenhaupt.

Allein das Schöpfwerk -es wird anschließend noch gesondert angesprochen- steht an der westlichen Seite der Schleuse, alle anderen Gebäude sind ostseitig angelegt:

Die Ostseite hat man dafür gewählt, um den ehemals erforderlich gewesenen Sichtkontakt zur Signalstation Oldenbüttel sicherzustellen. Von dort wird doch der Schiffsverkehr geregelt, zwischen dem kleinen Verbindungskanal und der großen Wasserstraße. Das Signal wird immer noch in Oldenbüttel gesetzt - sinnvoller läßt sich die Sache gar nicht machen, aber der Sichtkontakt zwischen der Signalstation und der Schleuse ist nicht mehr nötig. Bei Bedarf kann sich das Personal heute telefonisch verständigen. Deshalb auch war es zulässig, die Gieselauschleuse in hochwachsende Bäume und Buschwerk einzufassen, was die Anlage insgesamt verschönt und fast schon natürlich erscheinen läßt. - Das gilt auch für den Bewuchs an den südlichen Ufern des Gieselau-Kanals. Dort dient das Busch- und Baumwerk an der Ostseite nicht allein, aber doch vordergründig der Verschönerung. Im übrigen soll es, ebenso wie das hochwachsende Buschwerk an der Westseite, insbesondere den Wind abhalten und damit die gefährliche Abdrift der Schiffe vermeiden helfen.

Mit der Höhenabstufung der Gebäude wird die an sich strenge, technisch erscheinende Schleusenanlage etwas aufgelockert:

Von der Südseite her betrachtet, liegt im Vordergrund das kompakte Maschinenhaus für das Südtor und die Brücke. Dem Niveau der Schleusenoberkante angepaßt, versteckt es sich hinter den Armierungen der querliegenden Torkammer und der darüberliegenden Brücke mit ihren geschlossenen, spitzwinkelig aufgerichteten Torflanken. - Rechts dahinter, leicht erhöht - aber immer noch unter

Brücken-/Straßenniveau, steht das Dienstgebäude wie auf einer Warf. Ein roter Ziegelsteinbau, der mit den technischen Anlagen der Schleuse um die Vorherrschaft konkurriert. Es ist ein zweigeschossiges Wohnhaus, dem nicht zur Straße, sonst aber an allen Seiten ein kleiner Flügel angebaut ist (Schuppen und Garage). Der Flügel zur Schleuse hin dient als Schaltgebäude, dem Schleusenmeister zugleich als Büro und Abfertigungsraum. Durch dreiseitig angeordnete, große Fenster hat er von hier aus Übersicht über die gesamte Betriebsanlage. - Im Hintergrund, rechts neben dem nördlichen Schleusenhaupt, steht das Maschinenhaus für das Eidertor. Ganz im Gegensatz zu dem südlichen, auch in rotem Ziegelstein gehaltenen Maschinenhaus, ist dies ein hellgrauer Leichtbau, angeordnet über den Armierungen der Torkammer. Eine Baracke auf Stelzen, ein Hüter der Technik, erhoben zum höchsten Punkt der Anlage.

Entwässerung und Versorgungsleitungen

An der Westseite der Schleusenanlage, dem Maschinenhaus des Eidertores gegenüber, befindet sich der schlichte Ziegelbau eines Schöpfwerkes. Als Teil und Endpunkt des Entwässerungssystems der unteren Gieselau, arbeiten dort zwei hintereinandergeschaltete, elektrisch betriebene Pumpen. Sie leisten je 490/l/sek, analog 120 l/sek/qkm, bei einem Gesamteinzugsgebiet von 810 qkm; so groß ist das Entwässerungsgebiet der unteren Gieselau. Dreiviertel davon liegen westlich, ein Viertel östlich des Gieselau-Kanals.

Vor dem Bau des kleinen Verbindungskanals wurde das gesamte Gebiet über ein Schöpfwerk in den Nord-Ostsee-Kanal entwässert. Das Pumphaus stand damals auf dem Gelände der vorgesehenen Kanalmündung, es mußte versetzt werden. Weil der mittlere Wasserstand im Nord-Ostsee-Kanal höher lag als in der Untereider, war es naheliegend, die Entwässerung des Gebietes künftig in die Untereider zu leiten, das heißt - in den nördlichen, den eidergebundenen Teil des Gieselau-Kanals. Daher also wurde das Schöpfwerk szt. der Schleusenanlage zugeordnet. Die alten Pumpen konnten weiterverwendet werden, sie tun noch heute ihren Dienst.

Das Schöpfwerk an der Westseite der Schleusenkammer aufzustellen, ergab sich von selbst: Die größte Fläche des Entwässerungsgebietes liegt westlich der Schleuse. Dort sind vier engkurvende Kilometer des alten Flußlaufes erhalten geblieben, sie dienen als Sammler. Durch einen Verbindungsgraben wird das Wasser aus dem Sammler unmittelbar zum Schöpfwerk abgeleitet.

Die Entwässerung der östlichen Gieselauniederung dagegen wird durch eine fast schon kuriose Anlage bewirkt: Bei dem Bau der Schleusenanlage hat man in den Betonsockel unterhalb der Kammer einen querliegenden Düker eingebaut. Durch diesen „Kanal unter dem Kanal" fließt seither das Wasser der östlichen Niederung in die Pumpanlage der westlichen Entwässerung, von dort in die nördliche, die eidergebundene Hälfte des Gieselau-Kanals.

Auch andere Leitungen wurden unter dem Kanal hindurchgelegt, wie Telefonkabel, Betriebsstromkabel der Schleuse, Streckenbefeuerungskabel und auch eine 15.000-Volt-Leitung, die heute 20.000 KV transportiert.

Damals kannte man die dauerhaltbare Rohrverlegung noch nicht - das war eine Frage der Materialien. Die mehrfach und daher sehr aufwendig isolierten Leitungen wurden üblicherweise eingeschlämmt, so auch unter dem Gieselau-Kanal. Später war daran nichts mehr zu ändern. Aber zur

Sicherheit hat man inzwischen über Umwege Doppelleitungen verlegt, so daß die Gebiete östlich und westlich des Kanals unabhängig voneinander versorgt werden können. Sollte also einmal ein Kabel unterhalb des Gieselau-Kanals beschädigt oder gar unterbrochen werden, dann wird das gewiß ein Unglück, aber noch lange keine Katastrophe sein. Trotzdem sollten Schiffs- und Bootsführer die ausgeschilderte Warnung beachten: Vorsicht - Kabel, nicht ankern !

Nutzung

Ein Schiffahrtsweg war die Eider schon lange vor der Kanalisierung ihres Oberlaufs, zum Ende des 18. Jahrhunderts. Dabei muß man sich freilich verdeutlichen, daß die damals auf dem Fluß benutzten Segelfahrzeuge nicht sehr viel Ähnlichkeit hatten, mit den Schiffen unserer Tage. Sie waren plump gebaut, sehr viel kleiner und dennoch erheblich schwerer. Insbesondere konnten sie nur kleine Mengen Ladung aufnehmen; heute würden wir dafür eher ein paar Lastwagen als ein Schiff einsetzen.

Das Bild wandelte sich in der Zeit des Eider-Canals. Nicht nur, daß die Schiffe hier mit erheblichen Vorteilen von einer See in die andere gelangen konnten, sie wurden auch größer und ihre Zahl nahm in erheblichem Maße zu. In der großen Zeit des Eider-Canals zählte man jährlich rd. 4.200 Passagen, also 10 bis 12 Schiffe pro Tag. Aber auch darüber ging die Entwicklung hinweg.

Antriebstechniken und Schiffsgrößen änderten sich, die Schiffahrt weitete sich aus und stellte neue Anforderungen auch an Schiffahrtswege. Die Eiderroute konnte nicht mehr schritthalten, der Nord-Ostsee-Kanal wurde gebaut. (Anmerkung: Seit zwanzig Jahren wird dort bereits an der zweiten Erweiterungsstufe gearbeitet.)

Drei Fünftel der bis dahin auf der Eider gezählten Passagen wanderten schon gleich nach seiner Eröffnung ab zum Nord-Ostsee-Kanal. Dazu gehörten natürlich der Transit- und der gesamte Süd-West-Verkehr, also von und in Richtung Elbe. Das war eine ungeheure Einbuße für die Eiderroute. Im Laufe der folgenden Jahre reduzierte sich die Zahl der Eiderfahrer noch weiter, nämlich auf unter eintausend Fahrzeuge jährlich. Das lag dann allerdings nicht nur an der technischen Entwicklung, sondern auch und insbesondere an den sich verändernden Grund- und Wasserstandsverhältnissen des Flusses, in Folge des Nord-Ostsee-Kanals - wie in dieser Arbeit bereits geschildert. Schließlich wurde der Gieselau-Kanal gebaut und die Untereider in dem oberen Streckenabschnitt bis Rendsburg „stillgelegt", die Schleuse in der Stadt zugeschüttet. Der gewerbliche Gütertransport auf dieser Strecke hörte auf, heute können sich dort nur mehr flachgehende Fahrzeuge (bis max. 0,90 m) bewegen.

Im Jahre 1938, also im zweiten Jahr nach dem Bau des Gieselau-Kanals - als sich die Verkehrsdaten sozusagen eingependelt hatten, zählte der Schleusenwärter dort 778 Fahrzeuge mit zusammen 28.457 NRT (= ca. 52.000 BRT), entsprechend etwa zwei Passagen pro Tag mit Ø 36,5 NRT pro Fahrzeug. Diese Tonnagezahlen sollten allerdings nur als überschlägige Vorstellungswerte verstanden werden: Unter den durchgeschleusten Fahrzeugen befanden sich auch einige Sportboote und amtliche Dienstfahrzeuge (Kanalverwaltung, Polizei, Zoll, Marine usw.), deren Tonnagewerte in der Gesamtzahl nicht enthalten sind. Die durchschnittliche Schiffsgröße -selbst wenn man sie verdoppeln oder verdreifachen wollte- zeigt sehr deutlich, daß es sich hier allenfalls um motorisierte Kleinfahrzeuge des binnenländischen Verkehrs handeln konnte; Transitfahrzeuge waren vermutlich nicht dabei.

Unbekannt ist die Zahl der Schiffe, die „trotz Gieselau-Kanal" noch flußaufwärts bis Rendsburg fuhren. Viele können es nicht gewesen sein. Die kleinen Landeplätze entlang der Eider hatten längst ihre Bedeutung verloren und der Untereiderhafen in Rendsburg war kein rechter Umschlagsplatz mehr - seit die Schleuse dicht gemacht worden war. Wer aber in den Obereiderhafen wollte - oder heute will, der muß zwangsläufig durch die Gieselauschleuse - und wird gezählt.

Die flußabwärts fahrenden Schiffe frequentierten mehr oder weniger die kleinen Häfen der westlichen Untereider, wie Hohnerfähre, Pahlen, hauptsächlich Friedrichstadt - auch als Umschlagsplatz für Husum, weniger Tönning - diese Stadt war im Nord-Süd-Verkehr besser von See her zu erreichen.

Im Hintransport wurden Kunst- und Naturdünger befördert, auch Holz, Asbest und Eternit, sowie andere Baustoffe und Baumaterialien. Getreide hat man denkwürdigerweise in beide Richtungen transportiert, was sich vorderhand wohl nur mit den Einkäufen der Großmühlen erklären läßt. In Rückfracht beförderten die Schiffe landwirtschaftliche Produkte, auch Mehl, Schrott und schließlich Torf, als Brenn- und Räuchermaterial oder zur Bodenkultivierung.

Zweiwegfrachten sind mittlerweile selten geworden. Das belastet auch die Kleinschiffahrt. Bei Einwegfrachten stellt sich doch immer wieder die Frage, ob denn das Schiff nicht zu langsam und daher oder überhaupt zu teuer ist.

Mit Unterbrechung durch den Krieg, der ja wirklich alle Normen friedlichen Tuns außer Kraft setzte, haben sich die Zahlen der gewerblichen

Schiffahrt auf dem Gieselau-Kanal bis vor fünfzehn Jahren einigermaßen gehalten, mit kleinen Schwankungen bei leicht fallender Tendenz. Das ging bis 1970, als die mehr oder weniger politisch motivierte Rezession einsetzte und an der Flußmündung das große Eidersperrwerk gebaut wurde. Es ist leider nirgendwo festgestellt, welche der beiden Ursachen die größere Wirkung für den Rückgang des relevanten Schiffsverkehrs hatte. Damals rutschte die Kurve der Passagen gewerblicher Fahrzeuge in nur vier Jahren herunter, von über fünfhundert auf unter einhundert pro Jahr, oder von 10,5 Fahrzeuge/Woche auf unter 1,5 Fahrzeuge. Nach vorübergehend leichter Erholung fiel sie in den ersten achtziger Jahren sogar auf unter fünfzig, was eine Aussage des Schleusenmeisters zu der Zeit bestätigt:

„Wenn hier de Wek noch een Frachtschipp lang kömmt, denn is dat all veel."

Seit 1984 zeigt die Kurve wieder steigende Tendenz. 1985 waren es sogar schon wieder über zweihundert Passagen. Die umseitig folgende Grafik mag das verdeutlichen.

Die Grafik ist gefertigt nach der offiziellen Statistik der Wasser- und Schiffahrtsdirektion in Kiel. Diese Statistik zählt alle die Gieselauschleuse passierenden Schiffe. Das sind Frachtschiffe, Staatsfahrzeuge, Personenfahrzeuge, Sportboote und Fischereifahrzeuge etc. - Für die vorliegende Arbeit wurden daraus nur die Zahlen der Frachtschiffe und die der Sportboote herausgegriffen. Die Staatsfahrzeuge blieben unberücksichtigt, weil ihre Passagezahlen allgemein konstant sind, Sie fahren außerdem Gebührenfrei und geben daher für die vorliegende Arbeit keine Aussage ab. Ausgenommen wurden auch Personenfahrzeuge (Ausflugsboote), weil sie sehr unregelmäßig und dann auch

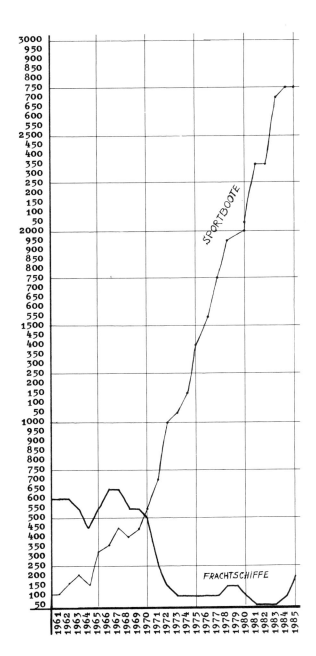

Schleuse Gieselau-Kanal, Durchgang des zivilen Schiffsverkehrs, von 1961 bis 1985.

gq/86

nur in unbedeutenden Zahlen vorkommen. Aus diesem Grunde kamen auch die Fischereifahrzeuge in der Grafik nicht zur Geltung.

Die Entwicklung der Sportbootpassagen ist geradezu sensationell. Deren Zahl steigerte sich von 1961 unter einhundert bis 1985 auf über zweitausendsiebhundert. Im Durchschnitt der letzten fünfundzwanzig Jahre betrug die Steigerungsrate also rd. 110 Fahrzeuge/Jahr; man beachte die steile Kurve der Grafik.

Bedenkt man nun, daß sich der Sportbootverkehr allgemein auf offene Jahreszeiten beschränkt, dann ergibt das eine Zuwachsrate von ∅ 4 - 5 Fahrzeuge/Woche. Dabei handelt es sich ausschließlich um Segel- und Motorboote aller Größen, d.h. von der Jolle bis hin zum Yachtkreuzer. Kleinboote sind nicht dabei, obwohl diese Spielzeuge - wie man sie vergleichsweise nennen könnte, in ungleich höherem Maße zugenommen haben. Sie werden jedoch in aller Regel über Land transportiert.

Bei den Betreibern der durchgeschleusten Sportfahrzeuge handelt es sich etwa zu zwei Drittel um Feriengäste auf Transit- oder Zielfahrt, zu einem Drittel um Ausflügler aus benachbarten Gewässern, z.B. (angenommen) Büdelsdorfer Yacht-Club Obereider besucht Segel-Club Friedrichstadt an der Treene. Betont gering ist die Zahl der gelegentlich ausfahrenden Dauerlieger von Plätzen, wie Rendsburg-Untereider, Breiholz, Lexfähre (Yachthafen), Hohnerfähre usw. Das geht ja bis nach Friedrichstadt, mit Abzweig Treene, und weiter nach Tönning, mit dem kleinen, großen Binnenhafen.

An dieser Darstellung des Verkehrsaufkommens ist leicht abzulesen, daß der Betrieb an der Gieselauschleuse „lebhaft" ist, besonders in den Sommermonaten.

Bei derzeit insgesamt über 3.000 Passagen, dazu etwa 2.500 Fahrzeuge - die nur zur Übernachtung hereinkommen, wird der Kanal von immerhin über 5.500 Fahrzeugen pro Jahr frequentiert; Tendenz steigend. Verteilt man die Durchschnittszahlen auf die lichten Monate des Jahres, dann ergibt das rd. 900 Fahrzeuge/Monat, analog rd. 30 Fahrzeuge pro Tag.

Dabei muß man sich allerdings verdeutlichen, daß diese Zahlen erst seit Beginn der sechziger Jahre gewachsen sind und daß damit ein erheblicher Wandel stattgefunden hat. Es ist also nicht möglich, die großen Zahlen von heute = 90% Sportboote, mit den kleinen Zahlen von einst = hauptsächlich gewerbliche Fahrzeuge, auch nur annähernd sinnvoll zu vergleichen.

Die schiffahrtskundlichen Fragen des Verkehrs auf dem Gieselau-Kanal regeln sich nahezu von selbst. Schiffsführer der gewerblichen- und Dienstfahrzeuge wissen ohnehin, was zu tun und was zu unterlassen ist. Das gilt dem Grunde nach auch für Sportbootfahrer, die sich im übrigen an die Weisungen des Schleusenpersonals halten. Bemerkenswerte Probleme der Sicherheit und der Ordnung gibt es folglich nicht. Anders ist es mit den zwischenmenschlichen Beziehungen, deren stets friedliche Regelung wohl zumeist auf die ruhige Sachlichkeit des Schleusenpersonals zurückzuführen ist:

Beispielsweise wird hier während der lichten Monate des Jahres von morgens sechs Uhr bis abends sieben Uhr geschleust, also immerhin dreizehn Stunden/Tag durchgehend. Das Personal wechselt etwa zur Halbzeit. Dabei sind natürlich einige Formalitäten zu beachten, schon um der Sicherheit willen. Das kostet etwas Zeit und mag daher für eilige Bootsführer ärgerlich sein - „abers, leeve Lüüd, dat helpt nu mal all'ns nix, wat sien mud,

dat mud sien". Und das gilt auch für den Feierabend:

Es ist leider so, daß die Bundespost sich noch nicht entschließen konnte, an der Gieselauschleuse einen Münzfernsprecher aufzustellen. Dabei ist es doch naheliegend, daß jemand - der den ganzen Tag per Schiff unterwegs gewesen ist, abends noch dieses oder jenes zu regeln hat, insbesondere aber einmal zu Hause anrufen möchte. Letzter Ausweg ist daher allabendlich das Telefon des Schleusenmeisters. Der aber möchte seine wohlverdiente Feierabendruhe gewahrt wissen -.

Manche Sportbootfahrer beklagen sich darüber, daß man hierzulande Schleusengebühren bezahlen muß (Tarif folgt umseitig), während Schleusungen in den westlichen Bundesländern allgemein gebührenfrei sind. Beschwerdestelle ist aber doch nicht das Schleusenpersonal. Den Tarif macht die Bundesbehörde, hier die Wasser- und Schiffahrtsdirektion in Kiel. - Die Gebührenpflicht an sich hat etwas mit der Entstehung und den Besitzverhältnissen der Schleusen zu tun. So haben beispielsweise Wasser- und Bodenverbände ein anderes Interesse an der Schleusenhaltung, als etwa die Eigentümer der Schiffahrtswege (jene wollen die Wasserstände festhalten oder das Land vor Überschwemmungen sichern, diese möchten lediglich zwischen den unterschiedlichen Wasserständen vermitteln - um die Schiffahrt möglich zu machen). Daraus ergeben sich Pacht und andere Kostenfragen, analog Gebührenforderungen. Ein anderes Bild: Auf dem Nord-Ostsee-Kanal, der die alten Landwege unterbrochen hat, ist der Fährdienst eine Ersatzleistung und daher Gebührenfrei. Auf dem längst dagewesenen Rhein dagegen, den die jüngeren Landwege überqueren wollen, ist die Überfahrt eine gebührenpflichtige Dienstleistung -.

Um denn auch gleich dies zu sagen: Für den Bereich des Gieselau-Kanals gibt es kein spezielles Badeverbot. Allerdings fällt der kleine Verbindungskanal unter die Vorschriften für den Nord-Ostsee-Kanal - und dort ist das Baden aus Sicherheitsgründen verboten. Wer es dennoch im Gieselau-Kanal riskieren will, der muß sich der Gefahren bewußt sein:

Im südlichen Abschnitt wirkt der starke Sog der im Nord-Ostsee-Kanal passierenden Großschiffe. Der Sog ist hier immer noch so kräftig, daß er sogar die schweren Schleusentore schlagen läßt, also Vorsicht ! - Im nördlichen Teil des Gieselau-Kanals ist das Baden weniger gefährlich, aber auch dort verkehren Motorfahrzeuge. Badende, die den Verkehr behindern oder sich selbst in Gefahr bringen, riskieren strenge Maßregelung.

Wie vermutlich die Mehrzahl aller Gewässer im Lande, so dient auch der Gieselau-Kanal als Fischereigewässer. Es ist verpachtet, und zwar in zwei Hälften. Pächter der nördlichen Hälfte ist der Angelsportverein Albersdorf eV, die südliche Hälfte hat der Anglerverein Hademarschen. Die jährliche Pacht beträgt ca. achthundert Mark pro Verein.

Der Kanal gilt als sauberes und in diesem Sinne auch unberührtes Wasser. Es hat einen hohen Grad an natürlicher, goldbrauner Trübung, die auf den weichen Moorboden zurückzuführen ist. Das Wasser ist nahezu strömungsfrei, es hat in der nördlichen Hälfte des Kanals natürlichen Uferbewuchs (Schilf), der dem Fischreichtum zugute kommt. Das sind a) Friedfische = Brassen, Güster, Rotaugen, Rotfeder, Aland, Ukelei und Karpfen; b) Raubfische = Aale, Zander, Barsche und Hechte. Karpfen und Hechte werden von den Vereinen alljährlich neu eingesetzt und abgefischt.

An dem Fischgewässer finden alljährlich Vereinswettbewerbe der Angler statt, gelegentlich auch nationale und internationale Veranstaltungen. Wichtig allerdings: Nur mit Genehmigung der Vereine darf in dem Gieselau-Kanal geangelt werden, wobei das Bootsangeln jeder Art verboten ist, natürlich nicht allein aus Sicherheitsgründen -.

Wirtschaftlicher Nutzen

Zunächst ist noch einmal daran zu erinnern, daß die Stadt Rendsburg den auf sie entfallenden Kostenanteil für die Erweiterung der stadtinneren Kreuzung Schleuse/Schiene/Straße nicht tragen wollte - aus welchen Gründen auch immer. In Folge dessen entstand der Plan zum Bau des Gieselau-Kanals, der sich jedoch allein aus der Ersparnis der Schleusenbaukosten in Rendsburg nicht bezahlt machen konnte. Zusätzlich mußte auf die Baggerung des Eiderabschnittes Rendsburg - Bokelhop verzichtet werden.

Unbeantwortet bleibt hier die Frage, wie stark die fiktive Kostenersparnis differierte, in dem Verhältnis zu den tatsächlichen Kosten des Kanals. Wesentlich kann die Differenz jedenfalls nicht gewesen sein, denn die Eider war zu der Zeit noch befahrbar, sie hätte nur punktuell gebaggert werden müssen. Nach dem teilweise ermittelten Zahlenmaterial der ursprünglichen Planung wäre es möglich gewesen, dafür mindestens RM 1.250.000,- zur Verfügung zu stellen. Schüttfelder waren bereits vorhanden, die Summe hätte demnach ausgereicht, für ca. 1.500 bis 1.700 Eimerbaggerstunden, entsprechend einem Zeitraum von etwa acht Monaten. (Anmerkung: Ein hier geeigneter Schwimmbagger trug ehemals ca. 30 Eimer zu 300 l auf der Kette, die bei lockerem Grund schätzungsweise 50 Umläufe/h machte, das ist immerhin eine theoretische

Leistung von 450.000 l/h.)

Nach solchen Vorstellungen ist nicht ohne Weiteres anzunehmen, daß der Bau des zwei Millionen Mark teuren Gieselau-Kanals vorteilhafter gewesen sei, gegenüber der ursprünglichen Lösung. Einen Vorteil könnte man allenfalls langfristig ablesen, wenn man bedenkt, daß der fragliche Eiderabschnitt immer wieder hätte nachgebaggert werden müssen, vermindert zwar - der Gezeitenstrom in der Eider war ja neuerdings begrenzt, aber doch andauernd bis 1973, als das Sperrwerk in der Flußmündung in Betrieb genommen wurde. Solche lfd. Kosten der Nachbaggerung müßte man aber wieder aufrechnen, gegen das alljährliche, betriebswirtschaftliche Ergebnis des Gieselau-Kanals. Das Fazit einer derartigen Vergleichsrechnung steht freilich in den Sternen.

Verschiedene Teile der Rechnungslegung zum Bau des Kanals konnten nicht ermittelt werden. Daher kann das folgende Zahlenspiel nur überschlägig sein, was den Wert der Betrachtung aber nicht mindert. An dieser Stelle geht es lediglich um die Frage, ob denn der Verbindungskanal überhaupt einen betriebswirtschaftlichen Nutzen erbracht haben kann.

Das einzusetzende Kapital war zunächst mit RM 1.660.000,- veranschlagt worden. Nach diversen praktischen Erfahrungen, z.B. bei den Erschließungen, den Flußbegradigungen und dem Bau der Schleusenanlagen Nordfeld und Lexfähre, wurde die Kalkulation nochmals überarbeitet und die endgültige Anschlagssumme für den Gieselau-Kanal danach auf RM 1.895.000,- festgestellt.

Nach den Ermittlungen wurde diese Summe letztlich denn auch nur geringfügig überschritten, so daß die vorliegende Rechnung von einer abgerundeten Summe in Höhe von RM 2.000.000,- (zwei

Millionen) ausgehen kann. Darin enthalten sind 10% für Grunderwerb, Nutzungsentschädigungen und Schadensersatzleistungen. Alles übrige geht in einem Betrag von RM 1.800.000,- auf Bau- und Anlagekosten.

In den Baukosten waren 180.000 Arbeitslosentagewerke zu je RM 0,50/Std. (= RM 24,-/Woche) enthalten. Dabei handelte es sich allerdings nur um einen „Nettosonderlohn", der sich so aus den staatlichen Arbeitsbeschaffungsprogrammen ergab. Der damals tatsächlich übliche Wochenlohn lag bei RM 40,-/Woche, entsprechend etwa 10% der nominellen Höhe heutiger Wochenlöhne. Soweit die folgende Überschlagsrechnung auf Preise und Kosten heutiger Wertrechnung zurückgreifen muß, sind diese deshalb durchgängig in das Verhältnios 1:10 umgerechnet.

Mit dem Unternehmen Gieselau-Kanal wurden RM 2.000.000,- eingesetzt. Bei einer Laufzeit von 30 Jahren und einem angenbommenen Zinssatz von 3% der Staatsanleihe, errechnet sich eine Tilgungsrate von 2,1%. Die Annuität *) beträgt demnach

5,1% von 2.000.000,-	ca.	RM 102.000,-
dazu Betriebs- u. Unterhaltungskosten incl. Löhne und Gehälter geschätzt 1% von 1.800.000,-	ca.	RM 18.000,-
jährliche Lasten Sa.	ca.	RM 120.000,-
davon Gebühreneinnahmen aus gew. Schiffahrt 1937/38/39 ⌀ 800 Schiffe/Jahr à ⌀ 2,-	1.600,-	
Pachtgewässer 2 x 80,-	160,-	RM 1.760,-
jährliches Defizit Sa.	ca.	RM 118.240,-

*) Annuität ist die gleichbleibende Jahresrate aus Zins und Tilgung

Dies wäre das überschlägig errechnete, jährliche Defizit des Kanals, incl. Verbindlichkeiten aus der Kapitalschuld, während der ersten dreißig Jahre. Dabei kommt es gar nicht auf die Vollständigkeit und die Genauigkeit der Summen im Einzelnen an, sondern allein auf die letztgültige Darstellung des in jedem Falle außerordentlichen Mißverhältnisses zwischen Kosten und Ertrag.

Man kann auch die Kapitalschuld außer Acht lassen und allein die Einnahmen und Ausgaben beispielsweise der Jahre 1983/84/85 überschlagen. Demnach ergäbe sich dann folgende Rechnung, jetzt in DM:

Jahr	Sport-boote ∅ DM 5,-	Fracht-schiffe ∅ DM 16,-	Sonstige ∅ DM 16,-	Gebühren-einnahmen gesamt
1983	13.340,-	612,-	128,-	14.080,-
1984	13.680,-	1.472,-	16,-	15.168,-
1985	13.510,-	2.480,-	496,-	16.486,-
Add.	40.530,-	4.564,-	640,-	45.734,-

∅ Gebühreneinnahmen/Jahr	ca. DM	15.245,-
dazu 2 x 800,- für Pacht	ca. DM	1.600,-
jährliche Einnahmen Sa.	ca. DM	16.845,-
davon Betriebs- und Unterhaltungskosten incl. Löhne und Gehälter (kalkuliert)	ca. DM	150.000,-
jährliches Defizit Sa.	ca. DM	133.155,-

Natürlich kommen noch einige andere kleine Einnahmen und Ausgaben hinzu, aber dennoch bleibt es bei der Feststellung, daß das Unternehmen Gieselau-Kanal zu keiner Zeit den Anschein gegeben hat, es könne betriebswirtschaftlich „interessant" sein. Wären die Initiatoren Privatleute gewesen, man müßte ihnen sogar nachsagen, sie seien offenen Auges in die Pleite gerannt.

Es bleibt letztlich die Frage nach dem „allgemeinen Nutzen" des Kanals. Man wird ihn notwendigerweise aus zeitlich differenzierender Perspektive betrachten müssen, und zwar
a) in seiner Zeit vordergründig als Fahrwasser für die gewerbliche Schiffahrt, und
b) in heutiger Zeit, wo man ihn eher als Tor zum „Freizeitparadies Untereider" erkennen muß.

Bauseitig wurde szt. argumentiert, der Gieselau-Kanal werde die westliche Eiderfahrt um 23 km verkürzen, was zu einer Fahrzeit- und Betriebskostenersparnis von bis zu 1,5 Std. Einwegfahrt führen werde.

Für die Jahre 1937/38/39 nun geht die vorliegende Rechnung aus von einem Durchgang in Höhe von ⌀ 800 Fahrzeuge/Jahr. Diese teilen sich (geschätzt) etwa 40:60 in Ost- und Westfahrt. Die damals durchschnittliche Größe durchfahrender Schiffe wird (sehr wohlwollend) angenommen mit 200 NRT, entsprechend einem Betriebskostenfaktor von umgerechnet ca. RM 80,-/Std. Daraus errechnet sich (60 Teile = 480 Fahrzeuge x RM 80,- x 1,5 Std. =) eine Betriebskostenersparnis in Höhe von zusammen ca. RM 57.000,-, analog RM 120,- pro Schiff).

Diese Ersparnis setzte sich in Minderleistung um, führte also zu einer Umsatzeinbuße. Ob ein so geringer Betrag nun betriebswirtschaftlich für die Reedereien, oder -aus Steuern- finanzwirtschaftlich für den Fiskus, überhaupt nennenswert war, das mag andernorts gesagt werden. Volkswirtschaftlich betrachtet erscheint diese Ersparnis unsinnig, weil sie der Region keinerlei Nutzen brachte; die Schiffahrt nahm deshalb nicht zu -. Fiskalisch war sie schon eher ein Witz: Da wurden lächerliche RM 57.000,-/Jahr privater Kosteneinsparung möglich gemacht, mit einem kanaleigenen Defizit von jährlich über RM 100.000,-, und das sind sogar noch wohlwollende Zahlen. Und wie bereits zum Thema Nutzung ausgeführt, hat doch die gewerbliche Eiderschiffahrt einen geradezu katastrophalen Rückgang erlitten, was sogar den Zweck des Gieselau-Kanals hätte sinnlos werden lassen - wenn nicht just zu dieser Zeit der Sportbootverkehr so bemerkenswert angewachsen wäre.

Resümee:
Daß der Gieselau-Kanal überhaupt gebaut wurde, ist mehr auf das sozialpolitische Anliegen damaliger Arbeitsbeschaffungsprogramme zurückzuführen, nicht eben auf die Notwendigkeit, die veränderten Wasserstandsverhältnisse der Untereider in den Griff nehmen zu müssen. Das rein technische Problem hätte man nämlich viel einfacher und kostengünstiger regeln können - etwa durch Verlegung der Schleuse Rendsburg nach Nübbel, in den Bereich der N-O-Kanal-Weiche Schülp. Statt dessen wurde der Gieselau-Kanal gebaut. Die Größenordnung dieser sozialpolitischen Aktion war gering, aber sie hatte Vorrang, vor dem technisch einfacheren, dem wirtschaftlicheren, dem landeskulturellen und dem historischen Anliegen. Darin liegt der gleich vielfache Unsinn des Gieselau-Kanals.

Einen wirtschaftlich sichtbaren Erfolg hat der Kanal bis heute nicht erbracht. Im Gegenteil: Die fiktiv aufgelaufenen Geldschuldsummen müßten eigentlich raten, den Graben schnellstens zu schliessen, aber das wäre natürlich nicht zweckmäßig. Damit würde die Eiderschiffahrt faktisch eingestellt und die Untereider für den Wassersport weitgehend geschlossen werden. Auch würde der Fluß sehr bald verkümmern. Der Schiffahrtsweg Untereider ist also immer noch wichtig, der Gieselau-Kanal aber war nicht notwendig. Dessen Sinn liegt allein darin, daß es keine andere binnenländische

Zufahrt zur Untereider mehr gibt.

Zur Zeit der Planung und der Entstehung des Gieselau-Kanals konnte freilich niemand die spätere Entwicklung voraussehen, insbesondere nicht die enorme Zunahme der Sportbootpassagen. Es steht außer Frage, daß der Freizeitbetrieb das wirtschaftliche Defizit des Kanals in ein allgemeines, positives Fazit umgewandelt hat - und es wird voraussichtlich noch sehr viel besser werden. Der Freizeitwert eines relativ sauberen Gewässers, von der Art und der Qualität der Untereider mitsamt ihres Umfeldes, kann gar nicht hoch genug eingeschätzt werden. Und in dem Maße dieses Wertes steht und fällt auch der Wert seiner einzigen, binnenländischen Zufahrt, der des Gieselau-Kanals.

Ob die Entwicklung des Freizeitverkehrs an sich auch rechnerisch stimmt, läßt sich an dieser Stelle leider nicht aussagefähig prüfen. Typischerweise nämlich -so muß man sagen und das wird später noch erläutert- hat bis heute niemand Daten gesammelt, nach denen sich die speziellen Betriebsgrößen der Sportboote im Fremdenverkehr der Untereider erkennen ließen, oder die Zahlen der Besatzungsmitglieder, deren Herkunft, deren allgemeine und spezielle Versorgungs- und Unterhaltungspräferenzen. Mit anderen Worten: Gemessen an dem bisherigen Gang der Dinge, zeichnet sich hier bereits seit fünfundzwanzig Jahren eine sehr aussichtsreiche Entwicklung ab, die aber niemand auch nur andeutungsweise zur Kenntnis nimmt. Der ideelle und materiale Wert, die Ursachen, Wirkungen und Chancen dieser Entwicklung, werden von der amtlichen und der politischen Öffentlichkeit im Großraum Rendsburg, insbesondere aber von den Institutionen der freien Wirtschaft schlicht ignoriert.

Reisebeschreibung

Im Gegensatz zu den beiden vorausgegangenen Reisebeschreibungen handelt es sich hier um eine Zielfahrt, eine Picknick-Tour. - Es geht zum Gieselau-Kanal, am besten zur Schleuse, in deren Umgebung sich der Wagen abstellen läßt. - Man erreicht den Kanal a) vom Osten = über die Landstraße zwischen Breiholz und Fähre Oldenbüttel. Etwa 500 m oberhalb der Fähre ist ein Wirtschaftsweg nach rechts (etwas sparsam) ausgezeichnet mit einem Wegweiser nach Osterrade. Die Schleuse erreicht man über diesen Weg nach etwa 500 m. b) Vom Westen über die Landstraße zwischen Wrohm und Osterrade, westlich Süderrade führt ein Abzweig nach Christianshütte. In Chr. gabelt sich der Weg, links geht es in einem weiten Bogen um das Offenbütteler Moor herum, direkt zur Gieselau-Schleuse. - Es ist sinnvoll, zunächst die Schleusenanlage zu besichtigen. Dies ist zugleich der interessanteste Punkt der Kanalanlage. Wer den inneren Schleusenbereich betreten will, fragt besser erst den Schleusenmeister um Erlaubnis. In jedem Falle sollte man hier wenigstens einen Schleusungsvorgang beobachten. - An der Straße westlich vor der Schleuse stehen Richtungsschilder: Der Weg in Richtung Offenbüttel führt über den Seitenweg des Gieselau-Kanals hin zur Kanal-Kanal-Mündung. Das hohe Buschwerk am Weg dient als Windschutz für das Fahrwasser. - An der „Kanalecke" stand noch bis vor wenigen Jahren ein kanaleigenes Elektrizitätswerk für die Kanalbefeuerung. Den Strom liefert inzwischen die Schleswag, das Werk wurde abgerissen und statt dessen ein Privathaus errichtet. - Würde man nun dem N-O-Kanalseitenweg folgen, käme man nach Hinrichshörn, Dammsknöll usw. - Entgegengesetzt geht es in Richtung Osterrade. Links des Seitenweges dehnt sich das weite

Mündung Gieselau-Kanal (rechts) in die Unterelder

Offenbütteler Moor. Nördlich der Schleuse ist das Kanalufer dieseits offen; man wird viele Angler beobachten können. Drüben ist das Ufer schilfgesäumt. - Neben der Kanal-Eider-Mündung ist eine kleine, in Buschwerk gefaßte Bucht. Das ist die ehemalige Gieselau-Flußmündung, eine allzu kümmerliche Erinnerung an die Zeiten geruhsamer Kleinflußschiffahrt - hier, in der Gieselau-Eiderniederung. - Das östliche Ufer des Gieselau-Kanals ist nicht begehbar, jedenfalls nicht ohne Gummistiefel und nicht im Sonntagsanzug. - Empfehlenswert ist ein Spaziergang über Bokelhop an die Eider und dann zur Fähre Oldenbüttel. - Dort kan man von der Ostseite an die Kanal-Kanal-Mündung gehen und anschließend, vielleicht als Abschluß der Reise, mit der Fähre nach Oldenbüttel übersetzen, wo auch die kleine Gastronomie einiges anzubieten weiß. - Ende der Reise zum Thema „Gieselau-Kanal".

EIN SYMBOL

Gestern

Wer die geschichtliche Entwicklung nicht kennt, wird kaum vermuten, daß es zwischen dem so weit abseits gelegenen Gieselau-Kanal und dem Großraum Rendsburg überhaupt einen Zusammenhang geben könnte. Tatsächlich aber -die vorliegende Arbeit hat es bereits gezeigt- ist der kleine Verbindungskanal nicht nur ein Produkt ihrer Wirkungen, er symbolisiert zugleich die Probleme der Wirtschaft, der Arbeitslosigkeit, der Kultur und der Landeskultur im Großraum Rendsburg. Zum besseren Verständnis dieser Zusammenhänge erscheint es notwendig, dem Komplex der wirtschaftlichen Entwicklung an dieser Stelle noch ein eigenes Kapitel zu widmen. Im Verlauf dieser Darstellung wird die Arbeit dann wieder auf die Untereider und den Gieselau-Kanal zu sprechen kommen.

Zum Thema der vorliegenden Arbeit läßt sich die geschichtliche Entwicklung der Rendsburger

Wirtschaft in vier Abschnitte teilen:

Die Entstehungsphase, in den Jahrhunderten bis zum Bau des inzwischen untergegangenen Eider-Canals, war gezeichnet von den kurzen Märkten. Sie reichten nicht hinaus über die Elbe im Süden und die Treene im Norden. Das war der sogenannte Ochsenweg, der natürlich nicht allein dem Viehtrieb diente, sondern ganz allgemein auch eine Heer- und Handelsstraße war. Im Ost-West-Verkehr, zwischen den Meeren, dominierte der Wasserweg Eider, über den jedoch auch nur küstennahe Bereiche erfaßt wurden. Wie man so sagt, die Märkte waren nicht weiter und nicht größer als der eigene Horizont.

An Handelsgütern wurden in Rendsburg zur Hauptsache alle möglichen landwirtschaftlichen Produkte registriert, von der Viehwirtschaft bis zur Feldwirtschaft. Einen großen Raum nahmen der Getreide- und der Holzhandel ein, die insbesondere das zunftgebundene Schiffergewerbe in Atem hielten. Dies aber nicht allein wegen der damals noch beschwerlichen und langwierigen Reisen: Zwischen den eiderabwärts liegenden Städten Friedrichstadt und Tönning einerseits, und der Stadt Rendsburg andererseits, gab es im Laufe der Zeiten immer wieder heftige und langandauernde Auseinandersetzungen, um die zeitweilig sogar in Privilegien geregelte Schiffahrt und den Holzhandel. Diese Auseinandersetzungen wurden oft genug handgreiflich ausgefochten, selten am Verhandlungstisch.

Industrielle Fertigungen gab es zu der Zeit noch nicht, es blühte das Handwerk. „Größere Betriebe" damaliger Art waren die Mühlenbetriebe in der Stadt, eine Fayencenfabrik (Töpferware), eine Glockengießerei und Brauereien. Nach der Überlieferung hat das hier über Jahrhunderte hergestellte Bier aber nicht sonderlich geschmeckt. Vielleicht hätte sich Rendsburg dennoch irgendwann einmal zu einer Bierstadt entwickeln können - die

Voraussetzungen waren gegeben und es gibt auch genug positive Beispiele ähnlicher Art, wenn sich nicht schon in jenen Zeiten die Honoratioren quergelegt hätten. Die Stadtväter waren nicht bereit, dem heimischen Bier eine Zukunft zu eröffnen.

In Folge von Seuchen, des Ausbaues der Stadt zu einer Festung, weiter durch die Wirkungen des Nordischen Krieges (1699-1721) und wegen nachhaltiger Behinderung der Eiderschiffahrt - durch Versandung in der Untereider und Grundbewuchs in der Obereider, erfuhr Rendsburg zum Ende des 17./Anfang des 18. Jahrhunderts einen wirtschaftlichen Niedergang. Fast ein Jahrhundert lang konnte sich die Stadt nicht erholen. Vermutlich hätte sie wohl niemals aus dieser Misere retten können, und wäre verkümmert - wie so viele berümte Städte und Gemeinden jener Zeit, wenn nicht gegen Ende des 18. Jahrhunderts der Eider-Canal gebaut worden wäre. Mit ihm kam ein neuer Aufwind.

Die nur einhundert Jahre dauernde Zeit des Eider-Canals war die Zeit der zweiten, wirtschaftlichen Entwickluungsphase der Stadt und -damit beginnend- des Großraumes Rendsburg. Sie verlief nicht ohne Störungen, etwa zur Zeit der napoleonischen Kriege - Anfang 19. Jahrhundert, dann unter der dänischen Knute und den folgenden Freiheitskriegen - 1848 f. und 1864 (in jener Zeit wurden auch die Rendsburger Festungsanlagen wieder abgebrochen), schließlich durch den deutsch-französischen Krieg 1870/71 mit den ebenso positiven wie negativen Wirkungen der folgenden Gründerjahre.

Neben den anderen, schon vorhandenen Wirtschaftsbetrieben erfuhr insbesondere das Bauhandwerk einen beträchtlichen Aufschwung; Das Neuwerk wurde erweitert und das Kronwerk in Angriff genommen. Daneben entstand ein nicht geordnetes

Gemisch weiterer handwerklicher und industrieähnlicher Fertigungen. Das waren Webereien, Färbereien, eine Zuckerfabrik, chemische Düngerfabrik, Tafelglasfabrik, ein Zeitungsverlag, eine Eisenhütte, Schiffswerften auch im Umland, dazu alle möglichen Handelsbetriebe, Speditionen und Reedereien. Die neuerschlossene und nun von Meer zu Meer durchgehende Eider-Canal-Fluß-Passage ermöglichte den Standort Rendsburg als zentralen Handels- und Umschlagsplatz im Ost-West- wie im Nord-Süd-Verkehr.

Im Gegensatz dazu standen die übrigen Bedingungen des Standortes, insbesondere die absolute, kontinentale Randlage Schleswig-Holsteins. Das wird deutlich an der Tatsache, daß die Mehrzahl der Betriebe schon nach wenigen Jahren wieder einging und nicht ersetzt wurde. Soweit sie nicht als lokale oder regionale Versorgungsbetriebe wirkten und zumeist aus betriebswirtschaftlichen Gründen aufgeben mußten, fehlte den Unternehmen die Nähe zu den binnenkontinentalen Märkten, ihren Waren aber der gesteigert qualitative oder -was ein Ersatz hätte sein können- der exotische Reiz (ähnlich beispielsweise den Brüsseler Spitzen).

Bis in unsere Zeit haben sich nur drei der damals jüngeren Betriebe retten können. Das waren
1. der Zeitungsverlag - der jedoch niemals bereit war (verhindert hat), sich dem wirtschaftlichen und dem redaktionellen Wettbewerb zu stellen, er ist daher kein glaubwürdiges Zeugnis und kein verläßlicher Zeuge für die wirtschaftliche und die kulturelle Entwicklung der Stadt und ihrer Umgebung;
2. ein Handels- und Reederei-Unternehmen - das sich inzwischen sozusagen „schleichend" aus der Stadt abgesetzt hat, hier allenfalls noch filialisiert;
3. die Carlshütte in Büdelsdorf - die allein als das bedeutendste, zugleich aber auch als das letzte, noch existierende Zeugnis der wirtschaftlichen Ent-

wicklung jener Zeit zu bezeichnen ist: Um 1827 gegründet, zum Zwecke der Verhüttung heimischer Bodenrohstoffe, mußte der Betrieb schon bald auf Gießerei und andere Sparten umgestellt werden. Dazu gehörten der Betonschiffbau, Lokomotivbau, Herde, Öfen, Badewannen usw. usw. Das Werk wurde zum zeitweilig größten Industriebetrieb der Region bzw. des Landes. Dabei wäre es eine eigene Bucharbeit wert, über die ununterbrochene Folge der innovativen, diversifizierenden und spezialisierenden Anstrengungen des Unternehmens zu berichten, die allein schon aus den Problemen des Standortes nötig waren, dazu über seine Erfolge im In- und Ausland - und über seine Nöte: Nach einem Konkurs vor etwa zehn Jahren beispielsweise wurde das Unternehmen von seinen heutigen Inhabern aufgefangen. Man betreibt den Strangguß, den Maschinen- und Maschinenwerkzeugbau, produziert Preßerzeugnisse, Baumaschinen und -geräte, Bäder und Bäderbausätze für den Schiffbau etc. -

Der Ost-Westverkehr zu Wasser trug sich zur Zeit des Eider-Canals von selbst. Aufgabe der Verantwortlichen wäre es gewesen, jetzt auch dem Nord-Süd-Verkehr über Land moderne Verkehrswege zu schaffen. Es galt - die Funktion der Stadt Rendsburg als Verkehrsknotenpunkt zu festigen, seinen wirtschaftlichen Bedarf zu betonen und zu behaupten. Das ist leider nicht geschehen.
Gerade zu der Zeit, als der Eider-Canal seinen Erfolg erkennen ließ - in der ersten Hälfte des 19. Jahrhunderts, wurden Landstraßen und Eisenbahnen gebaut. Statt nun selbst ein zukunftsorientiertes Verkehrssystem zu entwickeln und vorzustellen - wobei die Stadt natürlich ihre eigene, regionalzentrale Lage und die in ihr gegebenen unternehmerischen Möglichkeiten hätte betonen müssen, ließ sie es nahezu teilnahmslos zu, daß sich Strecken und

Wege entwickelten bzw. festigten, abseits ihrer Interessen. Dabei darf man freilich nicht verkennen, daß ihre Möglichkeiten als Festung, dazu noch unter dänischer Herrschaft, jedenfalls begrenzt waren. Aber mit Einrichtung der ersten Einsenbahnlinie in Schleswig-Holstein, die Strecke Kiel - Altona, erhielt sogar der Eider-Canal eine erhebliche und andauernde Konkurrenz. Und nachdem der Einbruch in die Interessen der Stadt Rendsburg erst einmal gelungen war, setzte sich die Entwicklung selbstverständlich mit anderen „abseitigen" Straßen und Eisenbahnlinien fort. Insgesamt ging das zu Lasten des Umschlages in Rendsburg, der sich dadurch nicht so kräftig entwickeln konnte, wie es unter anderen Bedingungen sicher möglich gewesen wäre.

Erst nach und nach entstand die Eisenbahnlinie Hamburg - Rendsburg - Flensburg. Sie machte den Schienenweg zu einer Transitstrecke und die Stadt Rendsburg damit zu einer nicht sonderlich bedeutsamen „Station am Wege". Ihre Chance, auch als Knotenpunkt des Schienenweges gelten zu können, war verschenkt. - Nicht anders verhielt es sich mit dem Straßenverkehr, der ohnehin nach und nach einen großen Teil seiner Marktanteile an den Schienenweg abgeben mußte. Ihm blieb vorerst nur der kleine Nahverkehr, interessant - aber nicht wesentlich für das wirtschaftliche Anliegen der Stadt. Der mit dem Eider-Canal gerade erst neuerstandene Knotenpunkt bröckelte also schon wieder ab, noch bevor er sich so recht entwickeln konnte.

Der Stadt war es nicht gelungen - soweit man sich überhaupt bemüht hatte, den Verkehrsknotenpunkt zu festigen, geschweige denn ihn polarisierend auszubauen. Aber es war auch nicht gelungen, soweit man die Mängel erkannt und sich darum bemüht hatte, den Standort Großraum Rendsburg für die produzierenden Gewerbe attraktiv zu machen. Niemand war auf den Gedanken gekommen, an diesem Standort ein eigenes, möglicherweise spezielles Industriekonglomerat zu initiieren; ähnlich etwa der Holz- und Möbelwirtschaft im östl. Münsterland (Rendsburg wäre dafür geradezu prädestiniert gewesen), oder der Solinger Schneidwaren- oder der Herforder Textilindustrie, um nur ein paar einzelne aus der großen Zahl möglicher Beispiele zu nennen, die ursprünglich auch allesamt unter den Schwächen ihrer Standorte gelitten hatten.

Die Ursachen dieser Mängel lagen im eigenen Haus: Das Geschehen der Stadt bestimmten die Honoratioren, die Träger des gesellschaftlichen Lebens, die einander auch wirtschaftlich oder sonstwie verbunden waren; das übliche Bild einer Kleinstadt. Sie dominierten den Stadtrat und besetzten die Stühle des Senats. Dabei gibt es überhaupt keinen Zweifel, daß sie das Wohl der Stadt und des Umlandes im Auge hatten. Nur war für sie das Wohl des Gemeinwesens gleichbedeutend mit dem Wohl ihrer eigenen oder der ihnen verbundenen Wirtschaftsunternehmen. Ging es ihren Unternehmen gut, dann mochte es auch der Stadt gutgehen, ging es aber der Stadt schlecht, dann sorgten sie sich um ihre Unternehmen. Ihre Sicht war verstellt und das lokale Pressehaus -subjektiv interessiert- half ihnen nach Kräften dabei. Es fehlte diesen Leuten der auf das Gemeinwohl zielende Weitblick und es fehlte die öffentliche Kritik. Entsprechend mangelte es ihnen denn auch am Verständnis: Wer in Rendsburg weiterreichende, nicht allein diesem gesellschaftlichen Gefüge dienende Ideen und Interessen hatte, der versuchte sich besser gleich andernorts, schon um seiner selbst willen. Und das taten sie denn ja auch, damals - wie heute: Die bunte Liste relevanter Namen geht fast durch das ganze Alphabet, sozusagen von Bredow bis Voß, um nur zwei hervorragende Namen zu nennen.

Dies Bild deckt sich auch mit dem Geschehen um die erste Fixplanung zum Bau des Nord-Ostsee-Kanals: Statt sich mit den Auswirkungen und den Möglichkeiten der neuen Wasserstraße auseinanderzusetzen, aus dem Ergebnis konsequent zu planen und nach Verwirklichung zu suchen, gab man sich egoistisch und kleinkariert. Das Ergebnis war entsprechend: Zwar wurden die Kanalpläne geändert, die Stadt und in ihr die Unternehmen konnten wesentliche Teile ihrer strukturellen Bestände behalten, aber auf lange Sicht hatten sie gar nichts davon. Nur das unbeteiligte Umland - entlang der Eider, mußte die Zeche jahrzehntelang mit der Hochwassernot bezahlen.

Der Bau des Nord-Ostsee-Kanals eröffnete die dritte, wirtschaftliche Entwicklungsphase der Stadt. Sie dauerte nur fünfzig Jahre, war an sich kein Erfolg und endete in dem Fiasko des 2. Weltkrieges. Wohl spricht Müllers lokale Geschichtsschreibung euphorisch von „erheblichen Strukturwandlungen", die der neue Kanal der Stadt gebracht habe, und daß Rendsburg -vermittelst des Kreishafens- nun ein „Seehafen" geworden sei, aber das ist natürlich Unsinn:

Hier hat es niemals einen Strukturwandel gegeben, allenfalls die gemeingültige, kontinuierliche Weiterentwicklung mit allen Hindernissen. Und obendrein verharrte die Stadt immer noch in ihren Irrtümern. - Es war nur logisch, daß sich mit dem Kanalbau auch relevante Unternehmen ansiedelten; der Reparaturbetrieb Nobiskrug, der sich im Laufe der Zeit zu einer beachtlichen Schiffswerft entwickeln konnte -, und der staatliche Reparatur- und Betriebshafen Saatsee. Alle übrigen Ansiedlungen verschiedenster Industrie- und Handelsunternehmen waren Anstrengungen, bei denen ein unmittelbarer Zusammenhang allein mit der Anlage

WEGWEISER BEI DER GIESELAUSCHLEUSE

des Nord-Ostsee-Kanals nicht zu erkennen ist; nicht einmal bei den Unternehmen am Audorfer See (ehem. Rütgerswerke pp.). Mit Ausnahme der schon etwas älteren Kalksandsteinfabrik Rade -die gar kein Beispiel sein kann- hat denn ja auch keine dieser Neugründungen überlebt. Sie alle litten unter den Bedingungen des Standortes und hatten überdies -im Spiel des rasch wechselnden Zeitgeschehens- auch noch schlechte Karten:

Da war der erste Weltkrieg (1914/18), der in nur vier Jahren alles staatliche und private Vermögen verpulverte. Danach kam die Inflation mit ihrem unglaublich schnell drehenden Zahlenkarussel. Es konnte erst mit einer Notbremsung *) zum Stillstand gebracht werden (1923) und warf dabei alles nieder, was in der Wirtschaft nicht weit über das normale Maß hinaus „niet- und nagelfest" war. Im Trauerspiel der Weimarer Republik wurde aus diesem „Ende mit Schrecken" ein „Schrecken ohne Ende". Es entstand das Dritte Reich (1933) mit seinen schnellen, budgetverschuldenden Massenarbeits- und Vollbeschäftigungsprogrammen, siehe auch Gieselau-Kanal. Im siebten Jahr des Regims begann der zweite Weltkrieg (1939/45) - schlimmer als vorher, und fünfeinhalb Jahre später standen wir wieder in einer Pleite - wie sie schrecklicher nicht sein konnte. Das i-Tüpfelchen dazu waren dann die fürchterlichen Jahre bis zur Währungsreform (1948).

Die Probleme der Wirtschaft jener fast vierzig unglücklichen Jahre spiegeln sich in dem aufgeblähten Umschlag des vermeintlichen „Seehafens" Rendsburg:

---

*) siehe bei Gerd Quedenbaum
ZWISCHEN OBEREIDER UND UNTEREIDER
Düsseldorf 1981

Von Anfang an war der Nord-Ostsee-Kanal eine Transitstrecke, Teil einer insbesondere über See reichenden Schiffahrtsroute. Im Gegensatz zu der untergegangenen Eiderroute konnte er großes Schiffsmaterial aufnehmen und war daher gleichfalls für den Binnen- und küstennahen Verkehr mit modernen Schiffen interessant. Das kam dem Umschlagsplatz Rendsburg wieder zugute. Mit dem Kreishafen und dem Obereiderhafen zusammen konnte die Stadt ihr bisheriges Umschlagsvolumen nicht nur behalten, sondern nach und nach auch die Minderumsätze aufholen, die sich aus der Veränderung der Verkehrssysteme zur Zeit des Eider-Canals ergeben hatten. Weitere Zugänge des Umschlags ergaben sich aus der allgemeinen und der technologischen Weiterentwicklung; darunter sind zu verstehen, allgemein = der zunehmende Materialverbrauch und der zunehmende Konsum, technologisch = der sich verändernde und steigende Bedarf an Bunkerware (Kohlen, Öle, Schmierstoffe usw.). Entsprechende Unternehmen haben sich denn ja auch an den Häfen angesiedelt, wobei inzwischen der Kreishafen dominiert -. Die weiteren Umschlagszuwächse jedoch, teilweise sogar in großen Zahlen, waren allgemein keine echten Zuwächse im Sinne des Leistungsprodukts. Es handelte sich dabei lediglich um Massengut in Form von Baumaterialien für den „Selbstgebrauch":

Das rasch wechselnde Zeitgeschehen nämlich hatte depressive Auswirkungen auf das Wirtschaftsleben insgesamt, mit der Folge hoher Arbeitslosigkeit und leerer Kassen, was letztlich sogar die sozialleistende Fürsorgefähigkeit des Staates und der Kommunen fraglich erscheinen ließ. Um sich nun über diese Misere hinwegzuhelfen, wurden Arbeitsbeschaffungsprogramme entwickelt (Stichwort: Notstandsarbeit f.), deren Produkte u.a. auch das allgemeine Wirtschaftsleben anregen sollten.

Derartige Programme konnten kurzfristig helfen, aber langfristige Lösungen waren das natürlich nicht: Kasernen, Straßen, Krankenhäuser, auch den Gieselau-Kanal, konnte man eben nur einmal bauen. Infrastruktur kostet sehr viel Geld, bringt an sich aber keinen Ertrag. Sie führt in die substanziell belastende Verschuldung, wenn sie nicht zugleich unternehmerisch genutzt wird. Dazu jedoch mangelt es im Raume Rendsburg an den notwendigen Voraussetzungen - Versäumnisse der Vergangenheit.

Unter dem Eindruck dieser Versäumnisse und der Wirkung des gegebenen Zeitgeschehens war also eine gesunde Wirtschaftsentwicklung in der ersten Hälfte dieses Jahrhunderts im Großraum Rendsburg nicht möglich. Daran ändert auch die Tatsache nichts, daß Unternehmer immer wieder nach Wegen und Möglichkeiten des wirtschaftlichen Engagements gesucht und diese auch erprobt haben. Es zählt letztlich allein das Ergebnis und das war -insgesamt betrachtet- in diesen Jahren gewiß „nicht positiv".

Bedrückend ist, daß mit dem Bau des Gieselau-Kanals auch der stadtnahe, 23 km lange Abschnitt der Untereider ein Opfer des Geschehens wurde. Die Stadt Rendsburg war daran jedenfalls nicht unbeteiligt. Sie ließ sich mit der Veränderung die unmittelbare Eideranbindung nehmen, d.h. sie verschuldete selbst die Einbuße ihres Anteiles an der Eiderschiffahrt und des Umschlages der westlichen Eiderfahrt. Was die vorausgegangene Generation noch krämerisch kleinkariert behauptet hatte, das verschenkte die jetzige auf geradezu verräterisch kurzsichtige Art. Wirtschaftlich war das ein nicht notwendiges, ja - nicht einmal ein sinnvolles Opfer, darüber wird noch zu reden sein. Verkehrstechnisch war es eine Dummheit; wer läßt schon den Ast abschneiden, auf dem er sitzt. - Überhaupt hat die Stadt auch in der dritten Phase ihrer wirtschaftlichen Entwicklung nichts getan, um den Standort aufzuwerten, oder wenigstens seine strukturellen Besitzstände zu erhalten. Zwar wurde zur Zeit des Bürgermeisters Timm der städtische Grundbesitz wesentlich vergrößert - Timm hat sich überhaupt in Rendsburg sehr verdient gemacht (was man dort nicht von allen Bürgermeistern behaupten kann), Prioritäten der Wirtschaft jedoch hat auch er anscheinend nicht durchsetzen können. Alle diese Irrungen und Unterlassungssünden aber - von einst bis in die Gegenwart, symbolisieren sich in dem Gieselau-Kanal, der weit abseits der Stadt etwas ersetzen soll, was er gar nicht ersetzen kann, worauf die Stadt niemals hätte verzichten dürfen.

Heute

Die vierte, bis heute andauernde Phase der wirtschaftlichen Entwicklung begann mit der Währungsreform im Jahre 1948.

In Folge der Flüchtlingsströme, aus den Ostgebieten des nun untergegangenen Reiches, stand sie ganz unter dem Zeichen einer hoffnungslosen Überbevölkerung des Landes. Diese konnte erst im Laufe der Jahre durch Verteilungsprogramme über das ganze Bundesgebiet in etwa ausgeglichen werden. Dennoch blieben die Einwohnerzahlen im Raume Rendsburg fast doppelt so hoch wie vor dem Kriege. - Es herrschte absolute Armut und wirtschaftlicher Stillstand. Wohl hatten sich seit Kriegsende verschiedene Kleinbetriebe aufgetan. Sie konnten aber wegen des Mangels an Grund- und Rohstoffen nicht mehr sein, als vergleichsweise lächerlich mühsame Hilfen zur Linderung der größten Not. Es brauchte noch etliche Jahre, bis die langen Schlangen anstehender Arbeitsuchender vor dem Arbeitsamt kürzer wurden und schließlich für einige Zeit aufhörten. - Die Stadt und das Umland befanden sich dennoch im Vorteil, beispielsweise gegenüber den Städten Kiel und Hamburg, insoweit - als der Krieg hier fast keine materiellen Schäden angerichtet hatte. Man konnte zu gegebener Zeit gewissermaßen „aus dem Stand loslegen":

Kleinere und mittlere Versorgungsunternehmen hatten es etwas leichter, deren Abnehmer standen sozusagen vor der Tür. Auch die Handwerke kamen schnell wieder in Gang, dabei zuerst das Bauhandwerk; im Hoch- und Tiefbau gab es einen gewaltigen Nachhol- und Neubedarf. Schwerer hatten es dagegen die größeren Fertigungsbetriebe, sie mußten sich ihre in- und ausländischen Märkte erst wieder erarbeiten. Deutlich wird der Erfolg des allgemeinen wirtschaftlichen Entwicklungsgeschehens nach der Währungsreform, seit Gründung der Bundesrepublik, an der Rangfolge des Konsums:

Sie begann nach den Hungerjahren mit der sogenannten „Freßwelle". Ihr folgten die Bekleidungs- und Vergnügungswelle. Der beginnende und in nie dagewesenen Zahlen fortgesetzte Bauboom sorgten danach für die Einrichtungswelle. Die anlaufende und schnell auf Touren kommende Industrie entwikkelte neue Fertigungstechniken, die Palette ihrer Produkte wurde immer breiter, der Warenausstoß immer größer. Sie gab sich selbst ein neues Gesicht. In ihrem Gefolge entwickelten sich die verschiedensten Dienstleistungsgewerbe. Alle diese Unternehmen brauchten immer mehr Arbeitskräfte, sie sorgten schließlich für Vollbeschäftigung und weiteren Bedarf an Arbeitskräften, der dann die Gastarbeiterwelle auslöste (Ausländerproblem). Das veranlaßte bei den heimischen Kräften den Bildungsboom mit nachsetzender Karrierewelle. Gipfel der bisherigen Entwicklung ist die nun schon bald zwanzig Jahre andauernde Luxus-, Auto- und

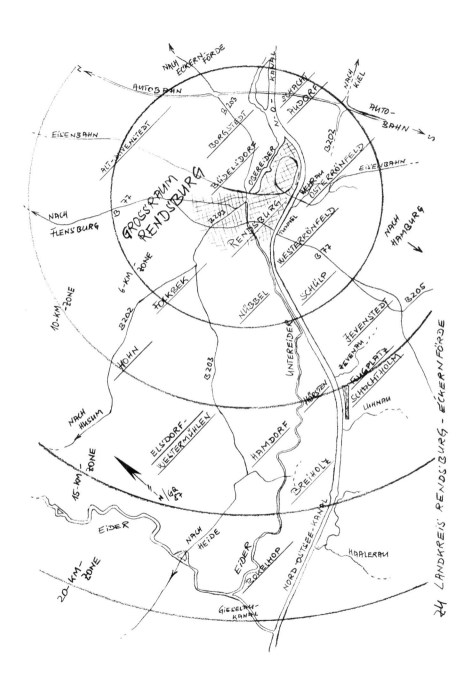

Reisewelle, die den Konsumenten mit immer ferneren Reisezielen und teureren Angeboten zwar die weite Welt erschließt, ihnen aber leider auch den Blick für die engere und weitere Heimat nimmt.

Der Großraum Rendsburg hat sich in den vierzig Jahren seit dem Neubeginn verändert. Seine Infrastruktur wurde wesentlich verbessert:

Schon in den fünziger Jahren begannen sich der gewerbliche und der private Straßenverkehr auszuweiten, er hat bis heute einen unvorstellbaren Umfang angenommen. Die Stadt avancierte zunächst wieder zum Knotenpunkt, insbesondere im Nord-Süd-Verkehr. Um das nun stetig wachsende Verkehrsaufkommen bewältigen zu können, wurden Straßen begradigt und ausgebaut, neue Straßen und Kreuzungen angelegt. In und um Rendsburg herum entwickelte sich gewissermaßen ein Spinnennetz von Autostraßen. Wichtigste Arbeiten waren dabei der autobahnähnliche Ausbau der B 77 zu einer Umgehungsstraße mit Untertunnelung des Nord-Ostsee-Kanals, einer Anlage - die technisch und verkehrstechnisch auch internationales Aufsehen erregte; dazu der notwendige Bau der Bundesautobahn, Europastraße 3, die seither den gesamten Nord-Süpd-Verkehr auf sich konzentriert - aber leider auch an der Stadt vorbeiführt. - Die Hafenanlagen und -einrichtungen hat man dem wachsenden Bedarf angepaßt. So wurden an beiden Häfen die Kaimauern erneuert, der Kreishafen sogar auf nahe tausend Meter erweitert. Die Zahl der hafengebundenen Anliegerfirmen hat zugenommen, auch die Zahl der Reedereien. Überhaupt existieren im Großraum Rendsburg etliche Reedereibetriebe - die zusammen über eine sehr beachtliche Flotte verfügen. Deren moderne Schiffe jedoch sind in den Rendsburger Häfen eher seltene Gäste.

Die Stadt und das Umland verfügen nun über eine in jeder Beziehung erstklassige Verkehrsanbindung, zu Wasser, auf der Schiene, der Straße und -vermittelst des Flugplatzes Schachtholm- bei Bedarf sogar zur Luft. Manch ein prädestinierter Industriestandort würde sich nach solchen Möglichkeiten „die Finger schlecken". Dennoch aber haben die Anbindungen nichts gebracht, weil leider auch in diesen so unerhört guten Jahren keine Anstrengungen unternommen wurden, um den Standort nun auch mit Leben zu füllen.

Gewiß, die Zahl der ansässigen Betriebe hat zugenommen, auch die Beschäftigtenzahlen, das Umsatzvolumen -. Das alles besagt aber noch gar nichts: Setzt man nämlich die Daten ins Verhältnis zu den Einwohnerzahlen der Vorkriegs- und der heutigen Zeit, so macht schon der grobe Überschlag den Fehlbestand der heimischen Wirtschaft deutlich. Noch genauer und unglücklicher wird die Rechnung bei Berücksichtigung der veränderten Unternehmensbedingungen, ihrer Strukturen und Präferenzen, sowie der veränderten Märkte, der Marktverhältnisse und ihrer Usancen. Ein anderes Barometer sind die Arbeitslosenzahlen: Das sind im Großraum Rendsburg derzeit 15,6%, gegenüber 8,4% im Bundesdurchschnitt.

Betrachtet man die Branchengliederung der Betriebe, so fällt zunächst ein deutlicher Überhang der dienstleistenden Gewerbe auf, incl. Verkehr. Die produzierenden Gewerbe, von Handwerk bis Industrie, folgen mit weitem Abstand. Das Verhältnis liegt bei 65:35. An anderen, besser platzierten Standorten könnte man darüber hinwegsehen, nicht aber in Rendsburg. Dort ist es ein beängstigendes Mißverhältnis deshalb, weil die dienstleistenden Gewerbe überwiegend von dem Funktionieren der wenigen produzierenden Unternehmenm abhängig sind. Treten Krisensituationen auf - egal woher,

GIESELAU-KANAL SCHLEUSENBRÜCKE

dann wird davon sofort das gesamte Gefüge betroffen, und zwar um so härter, je schwächer es an sich ist.

Ein krisenbestimmender Faktor liegt neben anderen Möglichkeiten beispielsweise darin, daß die Mehrzahl der im Raume Rendsburg ansässigen Unternehmen lediglich für den lokalen oder regionalen Bereich arbeiten. Nur etwa 10% haben ihren Wirkungskreis knapp oder weiter über die Landesgrenzen hinaus ausdehnen können. Dazu gehören natürlich die Großbetriebe (der größte -Nobis- ist gerade in die Pleite gegangen) und so spezielle Fertigungen, wie Hobby-Wohnwagen, oder die Telefonvermittlungsanlagen von DeTeWe usw. Diese Betriebe arbeiten jedoch in unterschiedlichen Branchen, sie haben insbesondere keine den Standort polarisierende Gemeinsamkeiten.

Dabei hat es Chancen der Polarisierung durchaus gegeben, wie etwa durch die alljährliche Landwirtschaftsmesse NORLA - die durchaus hierhergehört und im übrigen hervorragend gelungen ist. Was aber nutzen beste Chancen, wenn die regionale und lokale Standortpolitik sie nicht erkennt. Natürlich gibt es hier ein paar landwirtschaftliche Zuliefererbetriebe, Düngemittel und Landmaschinen pp. Das sind jedoch keine Hersteller, sondern Handelsbetriebe, Fragmente - die noch lange keinen umfassenden Markt ausmachen und daher für den Standort keinen bestimmenden Wert haben - auch wenn deren Bedeutung an sich selbstverständlich unbestritten ist.

Die Situation der freien Wirtschaftsunternehmen im Großraum Rendsburg ist schwierig. Das ergibt sich aus der bisherigen Sachdarstellung und wird noch deutlicher an den Problemfällen der drei größten, ortsansässigen Unternehmen. Das Wohl und Wehe dieser Betriebe ist wertbestimmend für den Standort insgesamt. Hier jedoch offenbart sich zu-

gleich eine überaus fragwürdige Abhängigkeit:
1. Chemische Düngerfabrik.
Aus welchen Gründen auch immer, die Fabrik wurde von dem Großunternehmen BASF aufgekauft. Zunächst noch ließ man die Produktion am Ort weiterlaufen. Dann aber setzten Rationalisierungszwänge ein, mit der Folge, daß das Mutterunternehmen neue Produktionsstätten errichten ließ, an günstigeren Standorten, mit neueren Techniken und größeren Kapazitäten. Die vergleichsweise kleine Produktion in Rendsburg war nicht mehr zu retten, der Betrieb reduzierte sich auf ein bloßes Auslieferungslager. Neue Verpackungs-, Lade- und Liefersysteme setzten weiteres Personal frei. Diese reduzierende Entwicklung wird sich voraussichtlich noch fortsetzen, weil der Markt kleiner wird; z.B. durch angestrebte Einschränkung der landw. Produktionsflächen (EWG) und durch Einreden des Umweltschutzes gegen die Verwendung chemischer Düngemittel.
2. Carlshütte.
Eine anhaltende Liquiditätsschwäche führte das Unternehmen in den Konkurs. Hohe Investitionen sollen die Ursache gewesen sein (z.B. ein neuer Schmelzofen pp.), bei allerdings gleichzeitiger Vermögenssplitterung in Folge generativer Abwanderung. Das Unternehmen wurde glücklicherweise von der Gesellschaft Harms aufgefangen. Notwendige Sanierungsmaßnahmen führten dennoch zu einem beträchtlichen Personalabbau. Der neue Anfang wurde dem Unternehmen schwer gemacht, durch Einreden gegen Lärmbelästigung; das Verbot galt anscheinend mehr als der nötige und durchaus mögliche Einigungsversuch. Es ist dem guten Willen der neuen Inhaber zu danken, daß sie sich beschränken und dennoch den Betrieb so erfolgreich

fortzusetzen wissen, daß gute Aussicht besteht, schon bald die frühere Mitarbeiterzahl, um tausend, wieder zu erreichen.
3. Werft Nobiskrug.
Das Unternehmen hatte sich mit rd. 1.300 Mitarbeitern zum größten Fertigungsbetrieb im Raume Rendsburg entwickelt. Im Bereich der Schiffbauindustrien rangierte es bei mittlerer Größe im hochqualifizierten Genre. Nebenbei betrieb man einige kleinere Produktionen. Die Werft geriet in den Sog der intern. Schiffsbaukrise, von der insbesondere die deutschen Werften betroffen sind; bei rückläufigem Schiffsraumbedarf erbeiten sie in einem zu hohen Kostenniveau. Gegenüber den staatl. getragenen oder geförderten Großwerften (wie z.B. die HDW in Kiel), wurde Nobiskrug von der Politik als einer der privatwirtschaftlichen Schwachpunkte erkannt und mit dem sogen. „Lausenpapier" wohl auch dazu gemacht *). Der politische Interessensklüngel ließ die Werft und deren Mitarbeiter zu einem bequemen Opfer werden. Trotz seines großen Wirtschafts- und Leistungsvolumens war es sinnlos, länger als drei Monate nach einem Vergleich für das Unternehmen zu suchen; am 31.10.1986 wurde das Konkursverfahren eröffnet. - Die handelnden Politiker, die das Ende der Werft gewissermaßen herbeiführten, sorgten inzwischen selbstglänzend dafür, daß etwa ein Drittel der Belegschaft die noch laufenden Aufträge bis zum Abschluß des Konkursverfahrens erledigen darf; so lange stehen die Leute also noch in Arbeit (geschätzt bis

---

*) vergl. Landespolitik Schleswig-Holstein 1986, Bericht über die Situation der Werftenindustrie

Frühjahr 1987). Dieser in der Presse zynisch hochgespielte „Trost" reicht jedenfalls über den Termin der nächsten Bundestagswahl hinaus -.

Die Verantwortlichen haben in diesem Zusammenhang wissen lassen, daß der Schiffbau in Rendsburg künftig keine Chance mehr haben werde. Also ist der heimischen Wirtschaft nunmehr eine ihrer tragenden Säulen genommen. Die kleinere Krögerwerft - die überwiegend für den Staat arbeitet, und Saatsee - als Reparaturbetrieb der Kanalverwaltung, haben in diesem Zusammenhang keine wertbestimmende Geltung.

Der Zusammemnbruch der Werft Nobiskrug ist für die Wirtschaft im Großraum Rendsburg ein sehr schwerer Schlag. Dabei kann man durchaus verstehen, daß sich die Werftenindustrie insgesamt „zusammenschrumpfen" muß - wie die Politiker formulieren. Warum aber dirigiert man das Geschehen und wo bleibt die freie Marktwirtschaft. Welcher Opportunismus läßt es zu, daß einzelne Betriebe (noch nicht einmal die leistungsfähigsten) mit geradezu planwirtschaftlicher Systematik aufgepeppelt werden, während man andere, durchaus hochqualifizierte Werften mit Hilfe gleicher Systematik untergehen läßt - ohne Rücksicht auf deren regionale Bedeutung. Und welcher Opportunismus - welcher Zynismus läßt es zu, daß die von solchem Geschen betroffenen Menschen ohne vorherige Kenntnis, also blind in ihren wirtschaftlichen Untergang rennen müssen -.

Der Großraum Rendsburg ist für die Wirtschaft von je her ein schwacher und daher auch mangelhaft strukturierter Standort gewesen. Daß sich daran nichts geändert hat, liegt in den Versäumnissen der Vergangenheit und der Gegenwart, wie sie z.B. der Gieselau-Kanal belegt und symbolisiert. Auch die bislang letzte große Chance, zur

Zeit der Hochkonjunktur der 60-er Jahre, blieb ungenutzt; d.h. mehr als ein paar kostspielig zaghafte Ansätze ohne Ziel (darüber ist gleich noch zu reden) hat man nicht zustande gebracht. Dabei hat es wenigstens teilweise an guten Absichten nicht gemangelt. Das beweist die von Professor Lübbert erarbeitete Strukturanalyse, die natürlich auch gewisse Empfehlungen enthielt. Seine nicht unumstrittenen Vorschläge blieben jedoch ungenutzt, die so gewonnenen Daten wurden nicht fortgeschrieben, das Gutachten war „für die Katz".

Auch bei den gegenwärtigen Versäumnissen handelt es sich um nicht genutzte Chancen. Ein Beispiel von vielen findet sich in der Entwicklung Rendsburgs als Eiderstadt:

Wohl rühmt sie sich noch gerne ihrer Eidernähe. Das Flußwasser symbolisiert sich in dem Wappen und es gibt kein Heimatbuch - nichts, wo nicht zugleich von der Eider oder dem längst untergegangenen Eider-Canal die Rede ist, was die traditionelle Verbundenheit der Stadt mit der Schiffahrt einst begründete. Aber hat Rendsburg nicht schon längst das Recht verwirkt, sich die „Stadt an der Eider" zu nennen ? - Den Kanalbau durch das Stadtgebiet und weiter nach Westen mochte sie nicht dulden, obwohl sie es dann aber doch zuließ, daß die stadtnahe Obereider gewissermaßen zu einem Nebenarm des Nord-Ostsee-Kanals degradiert wurde. Die Stadt hat seither nichts unternommen, um wenigstens die wichtigsten Teile des materiellen Erinnerungswertes zu erhalten. - Sie ließ es zu, daß die Schleuse zugeschüttet und damit Obereider und Untereider voneinander getrennt wurden. Dabei hätte man das an seiner Stelle entstandene Straßen- und Straßenkreuzungssystem besser, reizvoller und durchaus kostengünstiger anlegen können, was den wasserwegerischen (und den musealen) Möglichkeiten entgegengekommen wäre. -

Mit Duldung der Zäsur hat die Stadt schließlich auch noch der Brachlegung des dreiundzwanzig Kilometer weiten Untereiderabschnittes bis Bokelhop zugestimmt. Seither nehmen dort der Grundbewuchs und die Versandung ständig zu. Wenn nichts geschieht - wie es den Anschein hat, dann wird dieser Teil des Flusses in längstens einhundert Jahren nur mehr ein Sumpf und danach bald überhaupt nicht mehr existent sein. Damit hätte sich die Stadt dann nicht nur der Eider entledigt, sondern zugleich einer weiteren, wirtschaftlichen Möglichkeit:

Das vorausgegangene Kapitel hat doch bereits gezeigt, daß die Nutzung des Gieselau-Kanals durch Sportboote eine achtenswerte Entwicklung genommen hat. Das beweist, daß sich die Untereider in den letzten fünfundzwanzig Jahren zu einem wahren Freizeitparadies entwickelte. Im Verlauf des Flusses, unterhalb des Gieselau-Kanals, hat man diese Entwicklung erkannt und sich darauf eingestellt; siehe Lexfähre, Hohnerfähre, Pahlen, Süderstapel, Horst usw. Lediglich entlang den dreiundzwanzig reizvollen Eider-Kilometern bis hinauf nach Rendsburg ist nichts geschehen; abgesehen vielleicht von ein paar kleinen, halbherzigen und mangelbehafteten Improvisationen, z.B. in Breiholz. Aber gerade hier bietet sich schon lange eine Chance für den Fremdenverkehr:

Es ist vorherzusehen, daß der Tourismus an den Küsten unseres Landes zurückgeht - dafür gibt es verschiedene Gründe - leider. Der Sportbootverkehr aber wird weiterhin rasch zunehmen - dafür sprechen alle Prognosen. Alternativ also könnte die mittlere Eiderregion, das Gebiet um Rendsburg, an der Grenze zwischen Geest und Niederung, zu einem hervorragenden Feriengebiet werden, weit ausgedehnt - entlang der Untereider, die doch inzwischen ein ruhiges Gewässer geworden ist, landschaftlich

AN DER GIESELAU SCHLEUSE / WEG ZUM NORD-OSTSEE-KANAL

reizvoll gelegen, ausgestattet mit allen notwendigen Anlagen und Einrichtungen einer zusammengehörigen, vielgestalteten Ferienlandschaft, ähnlich den Feriengrachten - wie sie in den Niederlanden zu finden sind, im Gegensatz zu den Zentren - die dem Erholungsgedanken eher entgegenstehen.

Es wäre möglich, die Untereider für diesen Zweck herzurichten: Noch ließe sie sich ohne erheblichen Aufwand auf eine Tiefe von etwa 1,50 m nachbaggern. Gegen natürliche Veränderungen - die sich in keinem Gewässer völlig ausschließen lassen, könnte man eine hinreichende Süßwasserspülung bewirken, nämlich durch Wiedereinführung eines oder zweier früherer Nebenflüsse. Beispielsweise ließe sich die Jevenau verrohren und unter dem Nord-Ostsee-Kanal hindurchführen, das ist weder technisch noch wirtschaftlich ein Problem; ohne erneut Bodenbesitzverhältnisse anzugreifen, könnte man die Rohre ggfs. unterirdisch direkt in den Fluß leiten. - Es wäre möglich, dem Eiderabschnitt bei Rendsburg eine zweite, sinnvolle Zufahrt zu geben. Der kostengünstigste und wohl auch einfachste Platz dafür wäre eine Stelle an der Nordseite der Kanalweiche Schülp, vielleicht bei der Lotsenstation. Es genügte eine kleine (möglicherweise versuchsweise fernbediente oder automatisch geregelte) Schleusenanlage, die von einem maximal zehn Meter hohen Brückenbogen für den Straßenverkehr überspannt werden könnte. - Fraglos würden sich die Anliegergemeinden, sogar die privaten Anlieger im Verlauf des Flusses - dort ist Raum genug, einem solchen Projekt anschließen. Man müßte es ihnen nur offerieren. - Weit und breit ist kein Grund ersichtlich, der die Bundesrepublik hindern könnte, den brachgelegten Teil der Untereider für einen solchen Zweck zu öffnen. - Die Sache würde der Infrastruktur und der gewerblichen Struktur zugute kommen. Sie würde neue wirtschaftliche Möglichkeiten erschließen, insbesondere neue Arbeitsplätze ermöglichen - und sie würde dem Gesamtinteresse der Umweltpflege dienen. - Wo jedoch bleibt die kommunalpolitische Führung, deren Aufgabe es wäre, an dieser Stelle öffnend tätig zu werden. Sie müßte sich mit der Sache beschäftigen, wenigstens doch die Möglichkeiten untersuchen - aber nichts geschieht. Wie schon so viele andere Gelegenheiten, so hat man auch dies bislang versäumt.

Die Ursachen solcher Versäumnisse, wie hier nur beispielsweise geschildert, liegen nach wie vor in den gesellschaftlichen Problemen der Stadt. Wohl haben sich mit der Demokratisierung und mit Einführung der kommunalen Selbstverwaltung auch dort die gesellschaftlichen Verhältnisse gewandelt, nach wie vor aber dominieren die konservativen Kräfte. Das geschieht unabhängig von demokratischen Mehrheitsverhältnissen und ist durchaus in Ordnung, so lange sich niemand dagegen wehrt.
Allerdings haben sich die bestimmenden Kräfte -und darin liegt das Übel !- lange schon mit den Instrumentarien der Macht verfilzt. Das Produkt ist ein Interessensklüngel, vorwiegend auf subjektiven Vorteil bedacht. Er hindert jeden vernünftigen Fortschritt, so lange sich dieser nicht unmittelbar mit den Interessen des Klüngels deckt; das Interesse des Gemeinwesens ist den Leuten eine Nebensache. Man verhindert den Wettbewerb *), ohne dessen Zutun der wirtschaftliche Fortschritt gar nicht erst möglich ist.
Der Filz *) reicht bis in das Landesparlament,

+) siehe bei Gerd Quedenbaum
   1. HEIMAT - ARME HEIMAT, Düsseldorf 1985
   2. EIDERWELLEN, Heft Nr. 1/1985 f.

in die Regierung und in die Regierungsadministration. Er wird getragen von der Monopolpresse, die ernsthaft keinen Widerspruch zuläßt. Aber auch die Opposition läßt sich solchermaßen zu einer Farce herabwürdigen - selbst jetzt - in Rendsburg, wo sie einmal in der Verantwortung steht. (Damit ist bereits der nächste Klüngel inszeniert: Tust Du mir nichts, tu ich Dir nichts.) Unbeschadet geltenden Rechts erstickt der Filz jeden Versuch liberaler Entwicklung. Er übt sogar bestimmenden Einfluß aus, auf die Rechtssprechung - nachgewiesenermaßen bis hin zum Schl.-Holst. Oberlandesgericht *). Und dieser Filz ist so sensibilisiert, daß jemand - den der Klüngel nicht leiden mag, im ganzen Lande verfemt ist *), also boykottiert und verfolgt wird. Deshalb war es beispielsweise wohlbegründet, als (nach dem öffntl. Protest gegen die Schließung der Werft) ein Werkmeister von Nobiskrug erklärte:

"...mehr kann und will ich nicht sagen, sonst bekomme ich in ganz Schleswig-Holstein keine Arbeit mehr." **)
Er wäre nicht der erste.

Daß sich solche Praktiken herumsprechen und potentiell siedlungswilligen Unternehmen von der Ansiedlung im Großraum Rendsburg abraten, ist offensichtlich gewollte, in der Praxis auch nachgewiesene Realität *). Es sind also durchaus begründete Zweifel angebracht, ob die im Augenblick

---

*) siehe Vorseite unter *)
**) Schl.-Holst.Landeszeitung, 1.11.1986, zu dem Artikel „Schwarzer Freitag". Die ungewöhnliche Veröffentlichung dieses Zitats könnte durchaus eine Drohung gegen die an den Protesten beteiligten Menschen sein.

wieder einmal publizierten „Anstrengungen" der kommunalen Oberen, um die Verbesserung der Wirtschaftsstruktur, tatsächlich so sehr anstrengend sind. Die sogen. Wirtschaftsförderung im Raume Rendsburg ist jedenfalls schwach und bemerkenswert mangelhaft angelegt:
1. Bei seinen „Bemühungen" um siedlungswillige Unternehmen stützt sich der Großraum auf Wirtschaftsförderungs GmbH des Landes Schleswig Holstein. Diese Gesellschaft ist aber nur Vermittler; schon aus ihrer Aufgabenstellung und ihrer sehr zweckbestimmten Art kann sie mehr nicht sein. Die Effizienz dieses Unternehmens ist daher weitgehend abhängig von dem Umfang und der Qualität des ihr zur Verfügung stehenden Informationsmaterials. Das gilt übrigens für jeden einzelnen aus der großen Menge der von ihr vertretenen Standorte im ganzen Lande, also auch für Rendsburg. Ihre hier geringen Erfolge sind verständlich und haben daher auch nur relativen Wert:
2. Erklärtermaßen *) sind weder die Stadt noch der Kreis in der Lage, augenblicklich zutreffende Strukturdaten, Strukturpläne und Strukturentwicklungspläne für den Wirtschaftsraum vorzulegen - wie siedlungsinteressierte Unternehmen, insbesondere solche mit weiten Märkten, sie notwendigerweise fordern müssen. Die Vertreter der „selbstverwalteten" Bürgerschaft haben keine hinreichende Kenntnis von den gegebenen wirtschaftlichen Verhältnissen und Möglichkeiten, können folglich nicht sagen, was das Gemeinwesen denn überhaupt will. Daraus resultiert, daß die Förderungsgesellschaft nicht einmal den faktischen Wert, ge-

---

+) siehe Fußnote Seite 130

schweige denn die Entwicklung und künftigen Chancen des Standortes erkennen oder einschätzen und erfolgversprechend vermitteln kann.
3. Auch ist die Zusammenarbeit mit der Förderungsgesellschaft lückenhaft *). Man betreibt zugleich und unabhängig voneinander Standortwerbung, in der sich dann allerdings die Fehler fortsetzen:
a) Beauftragter ist in Rendsburg der Stadtkämmerer. Von ihm kann aber ernsthaft niemand erwarten, daß er auch nur annähernd vertraut ist, mit den speziellen Fragen unternehmerischer Standortsuche und der Planung solcher Standorte. Er kann das studierte Wissen und die nur in langjähriger Praxis zu findende Erfahrung von Fachleuten nicht ersetzen, zumal - wenn ihm geeignete Kräfte nicht zur Seite stehen. - b) Die Mängel äußern sich u.a. auch noch in den Werbemitteln, bespielsweise im Sommer 1986: Da gab die Stadt sogar in Zusammenarbeit mit der Förderungsgesellschaft einen schönen, bunten Prospekt heraus. Dessen Aussage war jedoch so ärmlich, daß er allenfalls ein paar wagemutige Touristen, gewiß aber keinen nüchtern denkenden Unternehmer hätte hervorlocken können. Eine sehr teure Werbung, die sich am Ende als billige Augenwischerei erwies. Merke: Schöne, bunte Bilder, ein paar (teils sogar irrelevante) Etiketten ortsansässiger Unternehmen, dazu ein paar Phrasen - wie sie in jedem Fremdenverkehrsprospekt nachzulesen sind, das ist kein Ersatz für Fakten und Ziele. - c) Das gilt auch für die Politik: Wenn beispielsweise der Bundesfinanzminister in seinem Wahlkreis Rendsburg

---

*) siehe Fußnote Seite 130

auftritt *) und hier in einer eigens veranstalteten „Presseschau" verkündet, Rendsburg sei ein attraktiver und chancenreicher Standort, dann ist das wertloses, eher wahlpolitisches Gerede. Er beschwört damit einen lediglich möglichen Zustand und weiß dennoch sehr gut, dies ist nicht die Realität. - d) Im übrigen sind solche Pressekonferenzen wenig überlegt: Im ganzen Bundesgebiet gibt es viele hundert Ortschaften, die auf den Zuzug gewerblicher Unternehmen hoffen, mehr oder weniger - weil sie darauf angewiesen sind. Sie alle möchten die tatsächlichen Vorteile ihrer Standorte anpreisen. Welcher Journalist also könnte es sich leisten, ausgerechnet für den fernab liegenden Wirtschaftsstandort Rendsburg zu werben, dieweilen im Vertriebsgebiet seiner Zeitung gleiche oder noch größere Bedürfnisse zu verzeichnen sind.

Solche Standortwerbungen bringen keinen Erfolg Es sind Augenwischereien, die stets bei „passenden Gelegenheiten" publiziert werden, zielgerichtet - wie jetzt, angesichts des Unterganges der Werft Nobiskrug - und danach, so lehrt es die Erfahrung, geht's dann weiter wie gehabt -. Aber selbst wenn sich auf Grund solch seltsamer Werbeveranstaltungen einmal ein ernsthaft siedlungswilliger Interessent finden sollte, dann ist keineswegs sichergestellt, daß er auch nach Rendsburg kommen darf, oder daß man ihn hier ungestört arbeiten läßt: Der Filz spricht das letzte Wort - und der duldet keine Konkurrenz, egal - um was es dabei geht **).

---

*) Anfang November 1986, zur Zeit der Proteste gegen die Schließung der Werft Nobiskrug
**) siehe Fußnote Seite 130

Morgen

In Fragen der Wirtschaft fehlt dem Großraum Rendsburg die politische Führung. Da ist keine gutwillig sinnvolle Initiative, keine Zielsetzung, kein weiterführender Erfolg, wohl aber erhebliche Rückschläge. Die Stadt wird ihrem Führungsanspruch gegenüber dem Umland nicht gerecht. Insbesondere fehlt ihr selbst eine Führung, die den bewährten Lehren der Wirtschaftswissenschaften aufgeschlossen ist und diese auch erfolgreich in die Praxis umzusetzen vermag, - zwingend frei von dem Filz parteipolitischer Präferenzen und frei von dem subjektiven Interessensklüngel einzelner Personen und Unternehmen.

Rendsburg könnte ein guter, sogar ein sehr guter Wirtschaftsstandort werden, wenn er -neben dem infrastrukturellen Angebot- mit einer vernünftigen Zielsetzung und dessen dynamische Verwirklichung aufzuwarten wüßte. Dazu gehört jedoch zunächst eine umfassende Strukturanalyse, die den neuesten Stand spiegeln muß; Lübberts Analyse ist längst überholt. Sie sollte fortgeschrieben, besser aber noch alle zehn Jahre erneuert werden, denn ohne die detaillierte Kenntnis der Bestände ist eine systematische Weiterentwicklung gar nicht möglich - was die gegebenen Zustände beweisen.

Seine überaus schwierige Standortlage macht es sodann erforderlich, eine spezielle Struktur- und Strukturentwicklungsplanung zu erstellen. Die Entwicklung Rendsburgs hin zu einem möglichst gesicherten Standort, läßt sich nur mehr über den Weg der Polarisierung erreichen. Mit anderen Worten: Der Großraum Rendsburg wird eine Besserung seiner Verhältnisse erreichen können, allein - wenn er sich zu einem zentralen Industrie- und Handelsplatz entwickelt. Das erfordert allerdings die gezielte Zusammenballung einander ergänzender und konkurrierender Unternehmen eigens gesuchter Arbeitsgebiete. Die lediglich wahllose „Sammlung" von Unternehmen irgendwelcher Branchen - wie sie bislang anscheinend betrieben wurde, ist keine Lösung, eher eine zusätzliche Belastung der gegebenen Verhältnisse.

Die Standortplanung muß notwendigerweise formuliert werden. Sie soll Unternehmen der freien Wirtschaft gewinnen und setzt deshalb Glaubwürdigkeit voraus, sie muß also absolut frei sein von dem Ruch klüngelhafter Interessen. - Dagegen kann sie selbstverständlich nicht verzichten, auf die dominierende Mitarbeit fachkundiger, speziell in dieser Materie erfahrener Kräfte *).

Allein diese Kräfte, die das Grundlagen- und Planungsmaterial erarbeiten, sind auch in der Lage, das System und die richtige Strategie für seine Verwirklichung zu entwickeln. Laienarbeit und Überheblichkeit sind hier absolut fehl am Platze.

Es muß den Verantwortlichen auch bewußt werden, daß einer solchen Aufgabe ein hoher, ein sehr hoher Grad an Verantwortung anhaftet. Das Angebot und die Wahl des richtigen Standortes sind schließlich für jedes Unternehmen eine Frage des Erfolges, der Mittelmäßigkeit oder des Unterganges. Und immer geht es dabei um die wirtschaftliche Existenz der Inhaber, der Mitarbeiter und ihrer Familien. Wiederholte Pleiten belasten

---

*) Der Verfasser offeriert an dieser Stelle die Mitarbeit seines eigenen Fachbüros, wenngleich der Kritiker selbstverständlich mit einer reellen Chance in Rendsburg nicht rechnen kann. Es soll nur niemand sagen können, solch qualifizierte und mit den örtl. Verhältnissen vertraute Dienstleistung gäbe es nicht.

außerdem das Image des Standortes.

Wie bereits anfangs gesagt, der Gieselau-Kanal ist nicht nur ein Produkt ihrer Wirkungen, er symbolisiert zugleich die Probleme der Wirtschaft, der Arbeitslosigkeit, der Kultur und der Landeskultur im Raume Rendsburg. Es liegt an der politischen und an der administrativen Führung, insbesondere aber an den Vertretern der selbstverwaltenden Bürgerschaften, diese Probleme zu lösen. Wenn sie die notwendigen gesellschaftlichen und sachlichen Voraussetzungen schaffen, dann - und nur dann kann es gelingen, daß aus dem natürlicherweise ungünstigen, schwachen Standort ein selbstverständlicher, erfolgreicher Industrie- und Handelsplatz wird. -

o o O o o

Tarif für die Benutzung der Schleusen
Nordfeld, Lexfähre und Gieselau-Kanal

1) für Sportfahrzeuge bis zu
   einer Länge von
   - a) bis zu 6 m (Ruderboote ohne Rücksicht auf ihre Länge)   DM   2,50
   - b) über 6 bis 8 m   DM   4,-
   - c) über 8 bis 12 m   DM   5,50
   - d) über 12 m   DM   8,-

2) für beladene Frachtschiffe,
   Fahrgastschiffe sowie sonstige
   Fahrzeuge und Schwimmkörper
   - a) bis zu 50 BRT   DM   6,-
   - b) über 50 bis 100 BRT   DM   9,-
   - c) über 100 bis 150 BRT   DM 11,-
   - d) über 150 bis 200 BRT   DM 13,-
   - e) über 200 bis 250 BRT   DM 16,-
   - f) über 250 bis 300 BRT   DM 19,50
   - g) über 300 bis 400 BRT   DM 24,-
   - h) über 400 BRT   DM 29,-

3) Jahrespauschalbeträge
   - für Sportfahrzeuge nach 1)a)   DM 35,-
   - für Sportfahrzeuge nach 1)b)   DM 55,-
   - für Sportfahrzeuge nach 1)c)   DM 94,-
   - für Sportfahrzeuge nach 1)d)   DM 121,-

Tarifsätze gemäß Nachtrag
mit Gültigkeit vom 1.7.1982,
nach den Veröffentlichungen
der Wasser- und Schiffahrtsdirektion Nord in Kiel.

(ohne Seitenzählung, Blatt herausnehmbar)

Illustrationen
nach
Bleistiftzeichnungen
des
Verfassers

Quellenverzeichnis
―――――――――――――

Jensen
   Der Nord-Ostsee-Kanal   1970

Oldekop
   Topographie des
   Herzogtums Holstein   1908

Nottelmann   Albersdorf   1985

Fischer
   Stapelholm und Eiderniederung   1958

Der Landrat
   100 Jahre Kreis Rendsburg   1967

weitere Literaturhinweise
jeweils im Text,

außerdem

Akten der Wasser- und
   Schiffahrtsdirektion, Kiel

Akten des Wasser- und
   Schiffahrtsamtes, Brunsbüttel

Informationen der Schleswag, Rendsburg

Archiv der Unternehmensberatung
   Quedenbaum, Düsseldorf

Studien des Verfassers
   jeweils an Ort und Stelle.

EIDER-BÜCHER
sind Bilder
der Heimat

verlangen
Sie den
Verlagsprospekt vom   EIDER-VERLAG
Postfach 2811
4 DÜSSELDORF 1